非物质文化遗产旅游文创产品设计研究

FEIWUZHI WENHUA YICHAN LüYOU WENCHUANG CHANPIN SHEJI YANJIU

陆丽芳◎著

中国纺织出版社有限公司

内 容 提 要

本书着眼于非物质文化遗产旅游文创产品领域，深入探讨了其设计、开发、品牌建设、营销策略、评价与改进以及保护与传承等关键议题。第一章从非物质文化遗产旅游文化的概念和意义入手，揭示了其在社会和文化发展中的重要性。其后章节系统介绍了文创产品设计理论、开发流程、设计要素、品牌建设、营销策略等方面内容，以深入分析非物质文化遗产旅游文创产品的核心要素。通过实际案例和方法论的引入，进一步帮助读者理解如何在实践中创造、推广和保护有价值的文创产品。

本书旨在为相关专业学者、从业者和研究者提供有关非物质文化遗产旅游文创产品领域的综合指导，不仅适用于相关专业师生，而且可以为行业管理者和文创领域的探索者提供有益的参考。

图书在版编目（CIP）数据

非物质文化遗产旅游文创产品设计研究 / 陆丽芳著. -- 北京 ：中国纺织出版社有限公司，2023.12

ISBN 978-7-5229-1214-1

Ⅰ. ①非… Ⅱ. ①陆… Ⅲ. ①非物质文化遗产 — 文化产品 — 产品设计 — 研究 — 中国 Ⅳ. ① G12

中国国家版本馆 CIP 数据核字（2023）第 213932 号

责任编辑：施　琦　　责任校对：王蕙莹　　责任印制：王艳丽

中国纺织出版社有限公司出版发行
地址：北京市朝阳区百子湾东里A407号楼　邮政编码：100124
销售电话：010—67004422　传真：010—87155801
http://www.c-textilep.com
中国纺织出版社天猫旗舰店
官方微博 http://weibo.com/2119887771
三河市宏盛印务有限公司印刷　各地新华书店经销
2023年12月第1版第1次印刷
开本：787×1092　1/16　印张：12
字数：220千字　定价：68.00元

凡购本书，如有缺页、倒页、脱页，由本社图书营销中心调换

前　言

PREFACE

本书旨在探讨非物质文化遗产旅游与文创产品的关系，并深入研究非物质文化遗产旅游文创产品的设计理论、开发流程、设计要素、品牌建设、营销策略以及保护与传承等方面的问题。通过对这些重要议题的探讨，希望为非物质文化遗产旅游文创产品的发展提供有益的参考和指导。

第一章中首先介绍了非物质文化遗产旅游文化的概念和意义，帮助读者理解非物质文化遗产在旅游中的重要作用。其次，本书回顾了非物质文化遗产旅游文化的发展历程，展示了它在不同历史时期的演变过程。最后，探讨了文创产品在非物质文化遗产旅游中的应用，探索了如何通过创新的产品设计来展示和传承非物质文化遗产的独特魅力。

第二章是对非物质文化遗产旅游文创产品设计理论的研究。本书首先介绍了非物质文化遗产旅游文创产品设计的概念和特点，帮助读者理解这一设计领域的基本原则和要求。其次，阐述了非物质文化遗产旅游文创产品设计的原则和方法，为读者提供了一些实用的指导和创意激励。最后，本书通过实践案例展示了非物质文化遗产旅游文创产品设计的实际应用和成果，希望能够激发读者的灵感和创造力。

第三章主要介绍了非物质文化遗产旅游文创产品开发流程。本书首先定义了非物质文化遗产旅游文创产品开发流程的概念和特点，帮助读者理解整个开发过程的重要环节和关键步骤。其次，详细阐述了非物质文化遗产旅游文创产品开发流程的步骤和方法，以实际案例为依据，指导读者如何高效地开发和推广文创产品。最后，本书分享了一些非物质文化遗产旅游文创产品开发流程的实践案例，使读者可以了解实际项目中的挑战与解决方案，从而更好地应用于实践。

第四章聚焦于非物质文化遗产旅游文创产品的设计要素。本书从视觉、声音、文字和实物等不同要素的角度，探讨了如何通过设计来展现非物质文化遗产的特点和内涵。这些设计要素的合理运用可以增强产品的吸引力和观赏性，使游客更好地体验和理解非物质文化遗产。

第五章讨论了非物质文化遗产旅游文创产品的品牌建设。本书解析了品牌建设的概念和特点，并提供了一系列步骤和方法，帮助读者打造独具特色的品牌形象。通过品牌建设，非物质文化遗产旅游文创产品可以获得更高的知名度和认可度，提升其市场竞争力。

第六章探讨了非物质文化遗产旅游文创产品的营销策略。本书介绍了营销的概念和特点，并分析了非物质文化遗产旅游文创产品营销的挑战与机遇。在制定营销策略方面，本书提供了分析和制定策略的方法，帮助读者根据不同的市场需求和目标受众制订有效的营销计划。通过实践案例的分享，读者可以学习营销非物质文化遗产旅游文创产品的成功经验。

第七章介绍了非物质文化遗产旅游文创产品的评价与改进。本书提出了评价指标体系，帮助读者评估产品的质量和效果。同时，本书介绍了评价方法和工具，帮助读者进行客观和全面的评估。此外，本书分享了一些改进策略和案例，以帮助读者不断提升产品的品质和竞争力。

第八章讨论了非物质文化遗产旅游文创产品的保护与传承。本书强调了保护的重要性和必要性，探讨了保护策略和方法。同时，通过分析保护和传承案例，帮助读者确保非物质文化遗产实现可持续发展。

本书旨在为读者提供系统而全面的理论与实践指导，帮助其深入了解非物质文化遗产旅游与文创产品的关系，并在实际工作中应用这些知识。无论是从事非物质文化遗产保护与传承的专业人士，还是旅游业和文创产业的从业者，都可以从本书中获得有价值的启示和实用的方法。

在撰写本书的过程中，笔者广泛研究了相关领域的学术文献和实践案例，力求提供最新、最全面的资讯。然而，由于时代不断变迁，新的理论和实践不断涌现。因此，我们鼓励读者保持对该领域的关注，并积极参与其中，不断探索和创新。

最后，由衷地感谢所有在非物质文化遗产保护与旅游文创产品设计领域做出贡献的专家学者、实践者和机构。正是他们的努力和热情，推动了非物质文化遗产的传承与创新，使笔者能够顺利撰写本书。

希望本书能够让读者有所启发，引发更多的讨论和研究，为非物质文化遗产旅游文创产品的发展贡献一份力量。希望读者在阅读本书的过程中获得丰富的知识和启示，能够将所学应用于实践中，共同推动非物质文化遗产旅游与文创产品的繁荣和创新。

陆丽芳

2023 年 5 月

目 录

CONTENTS

第一章

非物质文化遗产旅游文化与文创产品

第一节 | 非物质文化遗产旅游文化的概念和意义

一、非物质文化遗产概念的演变

非物质文化遗产概念的演变是一个由最初的物质文化遗产概念逐渐扩展和升华的过程。早期，文化遗产的概念主要涵盖物质文化遗产，如文物、建筑群和古遗址等有形的遗产。在20世纪90年代，学界开始逐渐认识到文化遗产的范畴不仅限于有形实物，非物质文化遗产的重要性逐渐被人们关注。

非物质文化遗产是指以非物质形式存在，具有历史、传统、文化和社会价值的各种表达形式。它包括但不限于口头传统和表达、表演艺术、社会实践、仪式习俗、庆典、知识与实践相关的自然资源管理等。非物质文化遗产的特点在于其传承方式多样、富有创造力和灵活性，并在社会中扮演着重要的文化认同和社会联结的角色。

20世纪80年代后期，联合国教科文组织提出保护民间创作的倡议，将非物质文化遗产纳入文化遗产的范畴，并呼吁各国重视和保护民间文化。此后，非物质文化遗产的保护和传承成为国际社会的共识。2003年，联合国教科文组织颁布了《保护非物质文化遗产公约》，详细界定了非物质文化遗产的内涵和保护原则，鼓励各国制定政策和措施，促进非物质文化遗产的传承和发展。

非物质文化遗产的保护和传承需要有组织的团体或个人的参与和努力。它与不同民族的生活密切相关，呈现出多样化的表现形式。通过非物质文化遗产的传承，人们可以深入了解和体验不同文化的独特魅力，促进文化多样性的发展。

总之，非物质文化遗产的概念演变从最初的物质文化遗产出发，逐渐扩展为包括非物质形式的遗产，引起了国际社会的广泛关注和重视。它的保护和传承对于文化多样性和人类文明的持续发展具有重要意义，其演变过程见表1–1。

表1–1 非物质文化遗产概念演变过程

时间	机构	法案	概念	内涵	分类
1989年	联合国教科文组织（UNESCO）	《保护民间创作建议案》	民间创作	文化区域内所有的创作内容。主要是传统创作的总和、群落及个体的表达能够确认并体现这一区域所有期望的行为文化和共性的表达形式	主要包含语言类、礼仪、建筑艺术、文学、舞蹈、习俗及有关艺术等

续表

时间	机构	法案	概念	内涵	分类
1998 年	联合国教科文组织（UNESCO）	《宣布人类口头和非物质遗产代表作条例》	口头和非物质遗产	其内涵同《保护民间创作建议案》	此分类在上述基础上新增了文化空间
2003 年	联合国教科文组织（UNESCO）	《保护非物质文化遗产公约》	非物质文化遗产	被各社区、群体，有时是个人，视为其文化遗产组成部分的各种社会实践、观念表述、表现形式、知识、技能以及相关的工具、实物、手工艺品和文化场所	口头传统和表现形式（包括作为非物质文化遗产媒介的语言）；表演艺术；社会实践、仪式、节庆活动；有关自然界和宇宙的知识和实践；传统手工艺
2005 年	中华人民共和国国务院办公厅	《国务院办公厅关于加强我国非物质文化遗产保护工作的意见》	非物质文化遗产	各族人民世代相承的、与群众生活密切相关的各种传统文化表现形式（如民俗活动、表演艺术、传统知识和技能，以及与之相关的器具、实物、手工制品等）和文化空间	传统的文化表现形式，如民俗活动、表演艺术、传统知识和技能等；文化空间，即定期举行传统文化活动或集中展现传统文化表现形式的场所，兼具空间性和时间性

二、非物质文化遗产的种类

（一）国际组织认定

为了回应国际社会对非物质文化遗产的保护和传承的需求，联合国教科文组织在 21 世纪初颁布了《保护非物质文化遗产公约》，对非物质文化遗产进行了初步的分类和认定。根据该公约，非物质文化遗产被分为以下几个主要类别（表 1–2）。

表 1–2 文化遗产类别表（国际认定）

基本类型	具有代表性的非遗类别
表演艺术类	肢体语言以及音乐等表演类
手工技艺类	传统手工生产制作等手工类
风俗礼仪类	民族风俗礼仪或体育类以及民族节日等
口头传说和表述类	诗歌以及神话传说等
知识实践类	自然活动知识、药物及使用方式、食物制作技艺、宇宙观、信仰等文化遗产

1. 表演艺术类

表演艺术类包括各种形式的表演艺术，如舞蹈、戏剧、音乐、杂技等。这些表演形式通常具有特定的文化内涵和表达方式，通过肢体语言和声音传达文化价值和历史故事。

2. 手工技艺类

手工技艺类涵盖了传统的手工制作技艺和工艺品制作技术，如陶瓷、纺织、木雕、金属工艺、刺绣等。这些技艺代代相传，融入了丰富的文化元素和地方特色。

3. 风俗礼仪类

风俗礼仪类包括各种民族风俗、宗教仪式、庆典活动和民族节日等。这些传统的风俗和仪式是人们进行社会交往和文化认同的重要表达方式，反映了特定群体的生活习惯、信仰体系和社会价值观。

4. 口头传说和表述类

口头传说和表述类涉及传统的口头传说、民间故事、神话传说、谚语、民间歌谣等。这些口头传统通过语言传递着人们的智慧、经验和价值观念，构成了一个社群的共同记忆和文化认同。

5. 知识实践类

知识实践类包括自然活动知识、传统草药和药物应用、食物制作技艺、宇宙观念、信仰体系等。这些知识和实践形式反映了人们对自然、宇宙和生活的认知和理解，是社群文化智慧的体现。

以上分类并不是严格划分，很多非物质文化遗产可以同时属于多个类别。联合国教科文组织的分类体系是为了人们能更好地认识、保护和传承非物质文化遗产，促进各国间的交流和合作。这些分类不仅帮助人们更好地了解非物质文化遗产的多样性和丰富性，还为制定相应的保护政策和措施提供了参考。

在具体的实践中，各国家和地区根据自身的文化特点和传统，可能会对非物质文化遗产进行细分。例如，中华人民共和国文化和旅游部将非物质文化遗产划分为口头传统和表演艺术、社会实践、习俗仪式和庆典、知识与实践技艺四大类。每个类别又包含多个具体的项目，如民间音乐、传统戏剧、传统医药、传统节日等。这种分类方式更贴近中国的文化实践，有利于更好地保护和传承非物质文化遗产。

非物质文化遗产的种类根据不同的国际和国内组织的认定可能会有所差异，但都旨在理解和保护人类丰富多样的文化遗产。这些分类体系为非物质文化遗产的保护工作提供了指导和依据，同时也提供了交流与合作的平台，促进了各国文化的多样性。对于每一个分类中的非物质文化遗产，我们都应该重视其独特的价值和意义，并共同努力保护和传承这些宝贵的文化遗产。

（二）国内组织认定

我国内对非物质文化遗产的分类和认定可以追溯到2006年，在2011年，第十一届全国人民代表大会常务委员会第十九次会议通过并公布了《中华人民共和国非物质文化遗产法》，其进一步细化了非物质文化遗产的分类标准，以下是其中的主要分类（表1–3）。

表1–3 文化遗产类别表（国内认定）

类型	具有代表性的非遗类别
民间文学类	诗歌、歌谣以及史话等文学类
民间音乐类	民歌、号子、吹拉弹唱艺术等
民间舞蹈类	少数民族舞蹈、龙舞狮等
传统戏剧类	少数民族戏剧以及民间戏剧等
曲艺类	评说以及少数民族曲艺等
杂技和竞技类	武术、太极、民间杂技以及民间竞技等
民间美术类	绘画以及剪纸等
传统手工艺技艺类	蜡染、酿酒以及制箔技术等
传统医药类	针灸以及中药等
民俗类	民族节日、庆典活动以及祭祀等

1. 民间文学类

民间文学类包括诗歌、歌谣、史话等文学类非物质文化遗产。这些作品通过口头传承的方式传播，反映了民众的智慧、情感和价值观。

2. 民间音乐类

民间音乐类包括民歌、号子、吹拉弹唱艺术等。这些音乐形式承载着民族的历史记忆和情感表达，是民族文化传统的重要组成部分。

3. 民间舞蹈类

民间舞蹈类包括少数民族舞蹈、龙舞、狮舞等。这些舞蹈形式展示了不同民族的独特风采和文化特色。

4. 传统戏剧类

传统戏剧类包括传统戏剧、少数民族戏剧和民间戏剧等。这些戏剧形式是民众娱乐、文化传承和社会交流的重要方式。

5. 曲艺类

曲艺类包括评书、说唱和少数民族曲艺等。这些形式通过口头表达和艺术表演，传递着民间智慧、幽默和关注内容。

6. 杂技和竞技类

杂技和竞技类包括武术、太极、民间杂技和民间竞技等。这些技艺形式展示了人们的身体协调性、技巧和团队合作精神。

7. 民间美术类

民间美术类包括绘画、剪纸等。这些艺术形式展现了民间艺术家的创造力和审美观念。

8. 传统手工艺技艺类

传统手工艺技艺类包括蜡染、酿酒、制箔技术等。这些手工艺技艺传承了传统的工艺技术和制作方法，体现了民族文化的独特魅力。

9. 民俗类

民俗类包括民族节日、庆典活动、祭祀等。这些民俗活动是人们生活中的重要仪式和集体记忆，反映了社会的文化传统和价值观念。

这些分类标准在《中华人民共和国非物质文化遗产法》中被用于对非物质文化遗产进行认定和保护。根据法律规定，符合以上分类标准的非物质文化遗产可以申请列入国家级、省级或市县级非物质文化遗产名录，以便得到更好的保护、传承和利用。此外，根据具体情况和地方特色，各地方政府也可能对非物质文化遗产进行进一步的细分和认定。例如，在中国的某个省份或城市，可能会有特定的非物质文化遗产类别和项目，以反映当地的文化特色和文化传统。

这样的分类和认定体系有助于明确非物质文化遗产的范畴和特点，便于保护机构和相关部门进行有效的保护和管理。同时，对于非物质文化遗产的分类和认定，还可以促进相关研究和学术交流，推动传统文化的传承与发展。

需要强调的是，非物质文化遗产的分类和认定是一个动态的过程，随着社会的发展和认识的深化而不断演变。因此，对于非物质文化遗产的保护与传承，需要密切关注国内外学术界和专业机构的研究成果和经验，不断进行评估和调整，以更好地适应时代的变化和文化的发展。同时，需要加强国际交流与合作，促进不同文化实现对话和共享，共同推动非物质文化遗产保护和传承事业的发展。

三、非物质文化遗产的基本特征

非物质文化遗产种类琳琅满目各式各样，它们也都有各自的特点。不管是在非遗的源头上，还是在呈现方式上，都与其发源地的文化环境息息相关。讨论非物质文化遗产的保护和发展，必须充分了解非遗自身所包含的基本特征。

（一）综合性

综合性体现在非物质文化遗产中涵盖了多个领域、多个方面的文化内容和表达方式。非物质文化遗产是人类文化的综合体现，包括以下几个方面。

1. 多学科交叉

非物质文化遗产融合了不同学科领域的知识和技能。它涵盖了人类学、历史学、考古学、民俗学、语言学、艺术学、音乐学、舞蹈学、民族学等多个学科领域的内容。通过对非物质文化遗产的研究和保护，人们可以从多个角度全面了解和体验文化的多样性。

2. 多层次的文化内涵

非物质文化遗产不仅局限于某一个特定的文化领域，而是涉及多个层次和领域的文化内涵。它涵盖了人类的生产生活、社会制度、宗教信仰、价值观念、艺术创作等方面。例如，在一个非物质文化遗产中，可能包含着数学、法律、战争、经济等多方面文化信息。这种综合性的特点使非物质文化遗产成为一个丰富而复杂的文化系统。

3. 文化的整体性和连续性

非物质文化遗产是一个文化的整体，它将传统知识、技艺、价值观、信仰体系等有机地结合在一起，并通过代际传承保持了文化的连续性。非物质文化遗产反映了一个社群的文化认同和生活方式，它是人们共同的文化遗产，通过传统的口头传承和实践继续传递。

4. 多元文化的共存和交流

非物质文化遗产往往是多个文化群体之间交流和互动的产物。它涵盖了不同民族、不同地区、不同社群之间的文化特色和传统习俗。非物质文化遗产的综合性使不同文化之间的交流和共存成为可能，促进了文化多样性的发展。

以苗族鼓藏节活动为例，它展示了非物质文化遗产的综合特征。在这一活动中，以苗族古老的歌曲为祭祀词进行祭祀活动，体现了多个文化领域的交叉和融合。在鼓藏节活动中，可以观察到以下综合性特征：第一，文学与音乐的结合。鼓藏节活动中的歌曲是苗族文学的重要组成部分，通过歌曲表达祭祀的意义和祝福。这种结合使苗族文学与音乐相互交融，展现出苗族文化的独特魅力。第二，数学与天文的传承。在鼓藏节活动中，出现的一些数字符号如“77”“49”等，体现了古代数学在非物质文化遗产中的传承。这些数字的往复显现是对天文事件和现象的描述，表达了人们对宇宙的认知和文化观念。第三，法律与礼教的体现。鼓藏节活动中的行为要求和仪式流程，反映了传统的法律和礼教体系。这些规范和制度的遵循，展示了苗族社会的秩序和价值观。第四，艺术与装饰的呈现。在鼓藏节活动中，苗族人民打扮得体，佩戴一些银首饰，体现了艺术在非物质文化遗产中的作用。这些装饰品展示了苗族的审美观念和艺术技巧。第五，信仰的体验。鼓藏节活动是一种宗教仪式，体现了苗族的信仰和神话传说。通过活动中的祭祀、祈福和信仰仪式，人们体验到宗教与信仰在非物质文化遗产中的重要性。

以上种种综合特征使苗族鼓藏节活动成为一种具有丰富文化内涵的非物质文化遗产。这一活动融合了苗族的历史、音乐、数学、法律、艺术、宗教等多个方面的文化要素，体现了非物质文化遗产的综合性和多元性。

非物质文化遗产的综合性也体现在其他非物质文化遗产项目中。例如，中国的传统戏曲融合了音乐、舞蹈、戏剧、文学等多种艺术形式；传统手工艺技艺包含了对材料的选择、制作工艺、装饰图案等多方面技术和知识；民间节日和庆典活动涵盖了民俗、音乐、舞蹈、戏剧、美食等多个元素。

非物质文化遗产的综合性使一项活动、一种技艺或一个传统能够包含大量的文化信息和知识。它不仅反映了人类社会发展的各个方面，而且展示了文化的复杂性和多样性。综合性的非物质文化遗产不仅是简单的技术或表演形式，还是一个包含丰富内涵和重要价值的文化系统。

对于非物质文化遗产的保护和传承，综合性的特征要求我们综合运用多种方法和途径。包括通过口头传承、实践参与、记录与研究、教育与培训等方式，综合考虑技艺、知识、价值观和社会实践的传承和发展。同时，需要重视非物质文化遗产与当代社会的联系和对话，鼓励创新和融合，使非物质文化遗产能够在现代社会中焕发新的活力。

综合性是非物质文化遗产的重要特征，它体现了文化的丰富性和多元性，也提醒我们在保护和传承非物质文化遗产时要全面考虑各个方面的文化内涵和价值。只有在综合的视野下，我们才能更好地理解、保护和传承非物质文化遗产，使其继续为人类社会的发展作出贡献。

（二）集体性

非物质文化遗产的集体性特征在其传承和发展过程中具有重要的影响。以下是集体性特征的具体表现。

1. 集体的社会性质

非物质文化遗产的集体性表现为一种明确的社会性质。它不仅属于个人，还代表着一个群体、一个社区甚至一个国家。这种集体的社会性质使非物质文化遗产成为整个社会共同的财富，得到了广泛的认可和重视。

2. 集体认同与传承

非物质文化遗产的集体性要求接受传承的集体代表必须对其产生认同感。这种认同是基于集体对非物质文化遗产的重要性和独特价值的共识。集体认同使非物质文化遗产能够在传承的过程中得到集体的参与和支持，确保其传统性得到延续和保护。

3. 传播与渗透

一旦非物质文化遗产在集体中得到认可，其价值和内容就会开始传播，并渗透各个文化领域。这种传播和渗透涉及生活方式、信仰体系、节日活动等方方面面。通过集体的努力，非物质文化遗产在集体生活中得以体现和传承，并与现代社会的多种文化交流融合。

4. 人与自然的相互影响

非物质文化遗产的集体性还体现了人与自然相互借鉴和相互影响的现象。在传承和发展过程中，非物质文化遗产以一种生态的方式与自然环境相互作用。这种相互影响使非物质文化遗产能够在特定的地域和环境中产生、发展，并与自然资源和生态系统相结合。

5. “固定主体，横生枝节”的规则

非物质文化遗产的传承中存在一个不成文的规则，即“固守主体，横生枝节”。这一规则要求传承的主体具备传统性，保持非物质文化遗产的核心价值和基本形态。然而，随着社会的发展和变化，需要充分结合社会需求和现实情况对其内容进行丰富和改造。这种规则体现了非物质文化遗产的变异性和适应性，使非物质文化遗产能够在传承中保持活力并与时俱进。

这种集体性体现在非物质文化遗产的各个元素中，使非物质文化遗产成为集体的共同财富和文化记忆。集体的参与和认同对于非物质文化遗产的传承、发展和保护至关重要。集体传承意识的培养、集体传承实践的组织、集体创新和发展以及集体合作和共享，都是实现非物质文化遗产的集体性的重要手段。通过集体的努力和共同实践，非物质文化遗产能够在集体中得到认可和传承，并在社会中得到传播和认同。非物质文化遗产的集体性特征使其具有广泛的影响力和重要的社会意义，同时促进了人与自然相互借鉴、相互影响。通过遵循“固守主体，横生枝节”的规则，非物质文化遗产能够在保持传统核心的基础上，与社会的发展相结合，实现非物质文化遗产的传承和创新。集体性特征使非物质文化遗产成为一种共同的、具有集体认同的文化遗产，不仅承载着丰富的文化内涵，而且反映了人类社会共同的文化认同和价值观。只有通过集体的力量和共同努力，才能确保非物质文化遗产的持续传承和发展，实现其在社会中的价值和意义。

（三）民族性与地域性

1. 民族性是非物质文化遗产的重要特征之一

在人类社会发展中，不同民族形成了独特的文化体系和生活方式。民族性的形成与民族的历史、地理环境、语言、宗教信仰等多方面因素密切相关。各民族为了保持自身的独立性和纯洁性，常常会采取措施来防止其他民族对其文化的掠取和侵占，这使民族性的非物质文化遗产得以保留和传承。这种民族性的非物质文化遗产体现了民族团结和认同感，也是民族文化的重要组成部分。

2. 地域性是非物质文化遗产的基本特征之一

不同地域的自然环境、资源条件、气候和生活方式等因素都对非物质文化遗产的形成和发展产生了影响。特定地域的人们在长期的生产和生活实践中形成了独特的文化习俗、传统技艺和生活方式，这些特征成了该地域非物质文化遗产的重要组成部分。例如，在农耕文化发达的地区，种植、农耕、农田管理等相关的非物质文化遗产在当地的生产环境中形成并得到了传承。在渔业发达的地区，渔民的渔具制作技艺、捕鱼方法和节日等非物质文化遗产体现了地域性的特点。这种地域性的非物质文化遗产在地方居民中被广泛认同和传承，成为地域文化的重要组成部分。

民族性与地域性的非物质文化遗产体现了人类社会的多样性和文化的丰富性。它们既代表了不同民族和地域的独特文化传统和价值观，也反映了人类社会多元发展的历史和现实。这些特征的存在使非物质文化遗产具有多样性和丰富性，为人类文化的多元共存和交流奠定了基础。此外，民族性与地域性的非物质文化遗产也反映了人与自然环境的相互影响和相互适应。

民族性和地域性的非物质文化遗产的产生和传承过程存在一些共同的特点和模式。第一，民族性和地域性的非物质文化遗产常常以口头传承和身体经验为主要形式。通过口头传承或歌谣、舞蹈、戏剧等表演艺术形式，人们将民族和地域的非物质文化遗产传给后代，使其保持着活力和生命力。第二，社区和家庭在传承中起着重要的作用。民族性和地域性的非物质文化遗产往往扎根于特定的社区或家族，由长辈传授给后代，通过日常生活、节日庆典等方式得以保持和传承。第三，社区和家庭提供了保护和支持的环境，维系着非物质文化遗产的传承和发展。第四，集体参与和集体认同是非物质文化遗产传承的关键。民族性和地域性的非物质文化遗产的传承需要集体的共同努力和认同，需要社区、家族、群体的参与和支持。只有通过集体的力量和共同实践，这些非物质文化遗产才能得到传承和发展。

民族性和地域性的非物质文化遗产不仅丰富了人类文化的多样性，而且是民族认同和地方认同的重要体现。它们代表着特定民族和地域的独特文化传统和精神追求，反映着人们对自身身份、归属感和文化价值的认同。同时，它们也为促进文化交流、增进民族团结和推动可持续发展提供了重要的资源和力量。因此，保护和传承民族性和地域性的非物质文化遗产，是保护人类文化多样性、促进社会和谐与可持续发展的重要举措。

民族性与地域性是非物质文化遗产的基本特征之一。它们体现了不同民族和地域的独特文化传统和价值观，具有深远的历史和地域背景。民族性与地域性的非物质文化遗产在其产生、传承和发展过程中呈现出一系列重要的特点和模式。

四、非物质文化遗产旅游文化的意义

非物质文化遗产旅游文化具有重要的意义，对个体、社区和整个社会都产生了积极的影响。

（一）保护和传承非物质文化遗产

非物质文化遗产旅游文化为传统的非物质文化遗产提供了保护和传承的机会。通过旅游活动，人们可以亲身体验、学习和参与非物质文化遗产的传统技艺、表演艺术、节日庆典等，使这些文化遗产重新焕发活力。日渐高涨的旅游需求和游客的关注也促使社区和相关机构加强了对非物质文化遗产的保护和传承工作。

（二）促进文化多样性和对话

非物质文化遗产旅游文化为不同地区和民族的文化多样性提供了展示和交流的平台。通过旅游活动，人们可以了解和欣赏不同民族、地域的非物质文化遗产，增进对其他文化的理解和尊重。这有助于促进文化多样性的保护，减少文化冲突和偏见，促进文化交流和对话，增进不同民族的和谐与友好。

（三）经济发展和社区繁荣

非物质文化遗产旅游文化为当地社区带来了经济收入和就业机会。非物质文化遗产的保护和传承成为吸引游客和推动旅游业发展的重要资源。旅游活动带动了相关产业的发展，包括酒店、餐饮、手工艺品等，创造了就业机会，促进了当地经济的繁荣和社区的发展。

（四）促进可持续发展和生态保护

非物质文化遗产旅游文化强调可持续发展理念，鼓励保护环境和生态系统。旅游活动的规划和管理需要考虑非物质文化遗产的保护和生态环境的可持续利用，以确保旅游业的发展与环境保护相协调。同时，非物质文化遗产的传承与自然资源保护相结合，加强了人们对生态环境的关注和保护意识。

（五）提升地方形象和吸引力

非物质文化遗产旅游文化有助于提升地方形象和吸引力。通过保护和展示独特的非物质文化遗产，地方在旅游市场上获得了竞争优势。游客来到这些地方，不仅可以欣赏非物质文化遗产的精髓和魅力，还能体验独特的文化氛围和当地的生活方式。这样的旅游体验使游客对地方留下深刻的印象，为地方的旅游业吸引更多的游客并获得营收提供了动力。

总的来说，非物质文化遗产旅游文化的意义在于保护和传承非物质文化遗产，提升文化的多样性，促进经济发展和社区繁荣，推动可持续发展和生态保护，提升地方形象和吸引力。通过旅游活动，人们能够体验和感受非物质文化遗产的魅力，增进对文化的理解和尊重，并为社区和地方带来经济、社会和文化发展的机遇。同时，非物质文化遗产旅游文化需要在保护与开发之间寻求平衡，确保非物质文化遗产的真实性和可持续性，以实现非物质文化遗产的长期价值和意义。

第二节 | 非物质文化遗产旅游文化的发展历程

非物质文化遗产旅游文化的发展历程可以追溯到20世纪后半叶，随着全球旅游业的兴起和文化保护的重视，非物质文化遗产开始成为旅游目的地的重要资源。以下是非物质文化遗产旅游文化发展历程的主要阶段。

一、初期认知阶段

在非物质文化遗产旅游文化的初期认知阶段，人们开始逐渐关注和认识到非物质文化遗产的重要性，并将其纳入旅游资源的范畴进行保护和传承。这一阶段可以追溯到20世纪70年代，非物质文化遗产的保护价值逐渐受到国际社会的认可和重视。

其中，1972年联合国教科文组织通过的《保护世界文化和自然遗产公约》是非物质文化遗产保护的重要里程碑。该公约首次提出了对文化遗产的保护概念，并将非物质文化遗产作为文化遗产的一部分进行了明确的界定。这一公约的通过标志着国际社会对非物质文化遗产保护的共识和努力，也为后来非物质文化遗产旅游的发展奠定了基础。

在初期认知阶段，人们开始意识到非物质文化遗产的独特性和与地域、民族的紧密联系。人们认识到非物质文化遗产不仅是物质遗产的延续，更重要的是它们承载着特定地域和民族的历史、传统、价值观和生活方式。这些非物质文化遗产是人类智慧的结晶，是文化传承和创造力的重要体现。

在国际上，通过对非物质文化遗产的保护和传承，人们开始认识到它们对于社会和经济的重要意义。非物质文化遗产具有强大的旅游资源潜力，能够吸引游客、促进经济发展、优化地方形象和增强吸引力。人们开始将非物质文化遗产作为旅游目的地的重要组成部分进行开发和推广，希望通过旅游活动来保护和传承这些独特的文化遗产。

在国内，早在20世纪70～80年代，中国政府和学界就开始关注和研究非物质文化遗产的保护和传承问题。人们意识到传统的非物质文化遗产面临着消失和衰退的危机，需要采取有效的措施进行保护和传承。这促使中国政府出台了一系列法律法规和相关政策，以加强对非物质文化遗产的保护和传承。其中，2011年6月1日起施行的《中华人民共和国非物质文化遗产法》是对非物质文化遗产进行保护的重要法律文件，为非物质文化遗产进行的保护和发展提供了法律保障和指导。

在初期认知阶段，人们开始开展对非物质文化遗产的调查研究和文化保护工作，积极记录和收集非物质文化遗产的相关信息和资料，为后续的保护和传承工作奠定基础。学者、研究机构和文化组织纷纷投入非物质文化遗产的研究和保护中，开展田野调研和学术研究，以深入了解非物质文化遗产的内涵、特点和传承现状。

同时，人们开始探索将非物质文化遗产与旅游相结合的方式和途径。非物质文化遗产的独特性和吸引力使其成为旅游业发展的重要资源和亮点。在旅游活动中，人们可以通过参观、体验、学习和交流来感受和了解非物质文化遗产的魅力，促进文化交流和对话，推动旅游业的发展。

此外，非物质文化遗产的保护和传承也开始得到政府和社会的广泛关注和支持。政府部门加大了对非物质文化遗产保护的投入和支持力度，建立了专门的机构和组织负责非物质文化遗产保护工作。社会各界也积极参与到非物质文化遗产保护的行动中，提供资金、技术和人力支持，推动非物质文化遗产的保护和传承工作。

二、意识觉醒阶段

在非物质文化遗产旅游文化的发展历程中的意识觉醒阶段，人们逐渐认识到非物质文化遗产对旅游业的重要意义，并开始将其纳入旅游规划和推广活动中。这一阶段可以追溯到20世纪80年代末和90年代初。

在这个阶段，人们开始关注非物质文化遗产的独特价值，认识到非物质文化遗产旅游的潜力和吸引力。非物质文化遗产具有独特的文化内涵、传统知识和技艺，代表着一个地区、一个民族的独特文化特征和身份认同。通过非物质文化遗产旅游文化，游客可以深入了解和体验当地的传统文化，感受历史沿革、艺术表演、工艺制作等方面的独特魅力。

政府和旅游机构开始意识到非物质文化遗产旅游的经济、社会和文化价值。非物质文化遗产旅游不仅可以促进旅游业的发展和地方经济的繁荣，还可以增强居民对当地传统文化的认同感和自豪感。同时，非物质文化遗产旅游也有助于推动文化交流和对话，促进不同地域、不同民族相互了解、沟通和交流。

在这一阶段，各国政府开始重视非物质文化遗产的保护和传承，出台相关政策和法规，设立专门的机构和部门负责非物质文化遗产的保护和旅游开发。同时，国际组织和各国社会组织积极参与其中，提供技术支持、资金援助和培训项目，推动非物质文化遗产旅游的发展。

在实践中，人们开始探索非物质文化遗产旅游的具体形式和方式。例如，通过举办文化节庆活动、民俗展示、传统工艺展示、表演艺术演出等方式，将非物质文化遗产融入旅游业，让游客参与其中，亲身感受和体验非物质文化遗产的独特魅力。

在意识觉醒阶段，人们开始认识到非物质文化遗产对旅游业的重要意义，并将其纳入旅游规划和推广活动中。这一阶段标志着非物质文化遗产旅游进入了一个更加系统性和专业化的发展阶段。

三、旅游开发阶段

在非物质文化遗产旅游文化的发展历程中的旅游开发阶段，随着旅游业的快速发展，越来越多的旅游目的地将非物质文化遗产作为主要景点进行开发和推广。这一阶段可以追溯到近些年，特别是 21 世纪初以来。

在旅游开发阶段，非物质文化遗产被视为旅游资源的重要组成部分，旅游业开始将其作为吸引游客和提升旅游体验的关键要素。各国政府和旅游机构加大了对非物质文化遗产旅游的支持和投资，积极推动非物质文化遗产的开发和保护。

在旅游目的地的开发中，非物质文化遗产成为吸引游客的核心卖点。许多具有独特的非物质文化遗产的地区，其传统手工艺品的制作、民间表演艺术、节日庆典等，成为游客的主要兴趣点和旅游体验的重要内容。景区和旅游景点通过举办非物质文化遗产相关的活动、展示和表演，让游客亲身体验和参与，使其深入了解非物质文化遗产的魅力。

旅游开发阶段注重非物质文化遗产的保护和传承。为了确保非物质文化遗产在旅游开发中能够得到恰当的呈现和传播，政府和旅游机构采取了一系列措施，包括制定相关的保护政策和法规，设立专门的保护机构和团队，进行非物质文化遗产的记录、研究和培训，以保证非物质文化遗产在旅游开发中得到适当的保护和传承。

此外，旅游开发也为非物质文化遗产的传统手工艺、民间表演艺术等提供了新的传播平台。通过旅游活动，非物质文化遗产得到了更广泛的展示和推广，为传统手工艺和民间表演艺术的传承和创新提供了机会。旅游市场的需求促进了非物质文化遗产相关产业的发展，如手工艺品制作、文化表演、非物质文化遗产体验等，进一步推动了非物质文化遗产的保护和传承。

当前，人们开始认识到非物质文化遗产对旅游业的重要意义，并将其纳入旅游规划和推广活动中。随着旅游业的快速发展，非物质文化遗产旅游逐渐成为旅游目的地的重要组成部分，为地方经济发展、文化传承和国际交流带来了积极影响。然而，在非物质文化遗产旅游的发展过程中，需注重平衡经济发展与文化保护的关系，保护非物质文化遗产的独特性和传统性，实现可持续发展目标。

四、文化创意产业阶段

随着社会的进步和经济的发展，文化创意产业成为一个重要的经济增长点，并逐渐与非物质文化遗产旅游相结合。

首先，非物质文化遗产作为创意和创新的源泉，为文化创意产业提供了丰富的素材和创作灵感。非物质文化遗产包含的民间艺术、手工艺技艺、传统表演等元素，具有独特的文化内涵和艺术特色，能够激发创作者的创造力和想象力。文化创意产业从非物质文化遗产中汲取灵感，将其转化为创意产品、艺术表演、文化活动等，丰富了文化创意产业的内容和形式。

其次，文化创意产业为非物质文化遗产的传承和发展提供了新的商业模式和市场机会。通过将非物质文化遗产与创意产业相结合，可以将非物质文化遗产转化为具有商业价值的产品和服务。例如，以非物质文化遗产为主题的创意手工艺品、设计商品、文化衍生品等，能够满足消费者对独特文化体验和个性化产品的需求。同时，文化创意产业的市场运作和营销策略也为非物质文化遗产的传承提供了新的机会和平台。

文化创意产业与非物质文化遗产旅游的结合不仅为经济发展带来了新的动力，而且为非物质文化遗产的保护和传承提供了新的途径。通过文化创意产业的引导和推动，非物质文化遗产得到了更广泛的宣传和传播，提高了公众的认知度和关注度。同时，文化创意产业也为非物质文化遗产的传承提供了经济支持和市场需求，鼓励传统工艺、表演艺术等非物质文化遗产的持续发展和创新。

再次，在文化创意产业阶段，需要注意平衡商业利益与文化价值的关系。非物质文化遗产旅游作为文化遗产的保护和传承载体，不应仅追求商业利益的最大化，还应注重保护非物质文化遗产的独特性和纯粹性。在发展文化创意产业的过程中，应确保创意产品和服务的质量和原创性，避免造成对非物质文化遗产的侵权和过度商业化。同时，要注重文化创意产业与非物质文化遗产的良性互动，鼓励创作者与非物质文化遗产传承者合作和交流，共同推动文化创意产业的发展和非物质文化遗产的传承。

最后，政府和相关机构在文化创意产业发展中起到重要的引导和支持作用。应制定相关政策和措施，鼓励文化创意产业与非物质文化遗产融合与合作，提供专业培训和资金支持，促进文化创意产业的创新和发展。同时，要加强非物质文化遗产的保护与管理，建立健全法律法规体系，加大监管和执法力度，保护非物质文化遗产的合法权益，为其营造良好的传承环境。

总的来说，文化创意产业阶段是非物质文化遗产旅游文化发展的重要阶段。通过将非物质文化遗产与文化创意产业相结合，可以充分发挥非物质文化遗产的创造力和体现其价值，为经济发展提供新的增长点。然而，需要注意平衡商业利益与文化价值的关系，保护非物质文化遗产的原始性和独特性。同时，政府和相关机构应加强引导和支持，促进文化创意产业与非物质文化遗产有机融合，构建实现双赢的发展模式。

五、社区参与可持续发展阶段

非物质文化遗产旅游文化的社区参与可持续发展阶段是在对非物质文化遗产保护和旅游发展模式构建的不断反思和探索中逐渐形成的。在这个阶段，人们开始关注非物质文化遗产的社区本位保护和发展，以及旅游活动对社区和环境的影响。

首先，社区参与是非物质文化遗产旅游发展的重要理念。传统的非物质文化遗产通常与特定的社区密切相关，它是社区文化的重要组成部分，并在社区中得到传承和发展。因此，保护和传承非物质文化遗产需要社区居民积极参与。社区居民作为非物质文化遗产的传承者和保护者，应参与决策过程、制定规范和管理措施，共同负责非物质文化遗产的保护和传承工作。社区参与让非物质文化遗产得到了更好的保护和传承，同时增强了社区居民对自身文化价值的认同和自豪感。

其次，可持续发展是非物质文化遗产旅游的重要目标。非物质文化遗产旅游的可持续发展意味着在旅游活动中实现经济、社会和环境的平衡，以确保非物质文化遗产的长期存在和社区的可持续发展。在旅游规划和管理中，应注重非物质文化遗产资源的合理利用和保护，避免过度开发和消耗。同时，要考虑旅游活动对社区生活质量、文化传统和自然环境的影响，采取措施保护社区的社会结构、生态环境和文化传统。只有采用可持续发展的方式，非物质文化遗产旅游才能为社区带来长期的经济、社会和文化效益。

在社区参与可持续发展阶段，政府、旅游机构和社区居民之间的合作和协调至关重要。政府应制定相关政策和法规，为社区参与提供支持和保障。旅游机构应加强与社区居民的沟通和合作，充分尊重社区的意愿和需求，确保旅游活动可持续发展，并提升社区的经济效益。社区居民应积极参与和支持非物质文化遗产旅游的发展，并为旅游活动提出建设性的意见和建议。如通过参与非物质文化遗产的传承、开展文化活动、提供导游服务、销售手工艺品等方式，与旅游业紧密结合，共享非物质文化遗产旅游带来的经济和社会效益。

在社区参与可持续发展阶段，重要的是建立有效的合作机制和管理体系。这包括建立社区与旅游机构、政府和非政府组织之间的合作机制，形成共同的决策和管理机构，确保各方利益平衡和协调。同时，应加强对社区居民的培训和教育，提升他们对非物质文化遗产的认知和保护意识，提高其参与旅游活动的能力和素质。

在实践中，已经涌现出许多成功的社区参与可持续发展的案例。通过社区居民的参与和共同努力，非物质文化遗产得到了有效的保护和传承，旅游活动成为社区发展的重要经济来源，同时增强了社区居民的文化认同和自豪感。

非物质文化遗产旅游文化在发展过程中逐渐注重社区参与和可持续发展。社区参与强调社区居民作为非物质文化遗产的传承者和保护者，实现利益共享。可持续发展强调在旅游活动中平衡经济、社会和环境的关系，确保非物质文化遗产的长期存在和社区的可持续发展。通过社区参与可持续发展的实践，非物质文化遗产旅游文化能够实现更加全面和持久的发展，为社区和旅游业带来长期的经济、社会和文化效益。

第三节 | 文创产品在非物质文化遗产旅游中的应用

文创产品将非物质文化遗产的元素融入创意设计中，通过创新的方式展示和传播非物质文化遗产，为游客提供独特的旅游体验，并推动非物质文化遗产的保护和传承。

一、纪念品和手工艺品

纪念品和手工艺品在非物质文化遗产旅游中扮演着重要的角色。它们是游客在旅游目的地购买的物品，不仅具有实用性和美观性，还能够唤起游客对当地非物质文化遗产的兴趣和认可。

纪念品通常是以当地非物质文化遗产元素为主题进行设计和制作的，如以传统手工艺品、节日庆典、民族特色等为创作灵感。这些纪念品包括各种小型物品，如钥匙扣、冰箱贴、明信片、小雕塑等，以及文化衍生品，如T恤、围巾、手提包等。它们通过图案和文化符号等元素，传递非物质文化遗产的独特魅力。

手工艺品更加注重工艺和材料的精美性和独特性。它们是由当地的工匠和艺术家以传统手工艺技术制作而成的艺术品或实用品。手工艺品的制作通常需要采用精细的手工操作和传统的工艺技术，如陶瓷、木雕、银饰、刺绣等。这些手工艺品展示了非物质文化遗产的技艺和传统艺术的独特魅力，同时也是当地工匠和艺术家的创作成果。

纪念品和手工艺品不仅是游客在旅游中购买的纪念品，而且是非物质文化遗产实现传承和传播的重要载体。通过购买和拥有这些文创产品，游客能够将非物质文化遗产带回家，并与他人分享旅行经历和文化体验。同时，这些产品的销售也为当地的手工艺产业和文化创意产业提供了经济支持和就业机会，促进了非物质文化遗产的传承和发展。

在非物质文化遗产旅游中，纪念品和手工艺品不仅是物质的象征，更是文化的传承和延续。它们通过设计精美的外观和独特的元素，将非物质文化遗产的精髓和故事传达给游客，使他们能够在购买的同时了解和欣赏当地的非物质文化遗产。这些纪念品和手工艺品通过细腻的工艺和精心的设计，展现了非物质文化遗产的独特魅力和艺术价值。

此外，纪念品和手工艺品还扮演着非物质文化遗产的传播者的角色。当游客购买并携带这些产品回家时，他们实际上成为非物质文化遗产的传播者。通过展示和分享自己的纪念品和手工艺品，游客可以向他人介绍和推广当地的非物质文化遗产，引起更多人的兴趣和关注。这种口口相传的方式有助于非物质文化遗产的传承和保护，使其得到更广泛的认可和关注。

纪念品和手工艺品的制作和销售也为当地经济带来了积极的影响。通过支持当地的手工艺产业和文化创意产业，增加了就业机会，促进了经济增长。制作纪念品和手工艺品的过程中，需要大量的人力和技能，从而创造了就业机会。同时，这些产品的销售也带动了旅游目的地周边商业的发展，促进了当地经济的繁荣。

在非物质文化遗产旅游中，纪念品和手工艺品的应用不仅丰富了游客的旅游体验，而且为当地文化的传承和发展提供了新的动力。它们承载着非物质文化遗产的文化内涵和价值观，成为游客与非物质文化遗产互动和交流的纽带。通过购买和欣赏这些文创产品，游客能够更深入地了解和体验当地的非物质文化遗产，同时为其传承和保护作出贡献。因此，纪念品和手工艺品在非物质文化遗产旅游中具有重要的意义和价值。

二、剧场演出和表演艺术

剧场演出和表演艺术在非物质文化遗产旅游中扮演着重要的角色。它们通过舞台表演的形式将非物质文化遗产转化为观众可见的艺术呈现，让人们能够亲身感受和体验非物质文化遗产的独特魅力。

剧场演出可以包括舞台剧、音乐剧、戏剧演出等形式。通过剧本和表演，将非物质文化遗产的故事、传统价值观和人物形象展现出来。演员们通过表演技巧和情感表达，将非物质文化遗产的精神内涵传递给观众。这种艺术形式不仅能够引发观众的情感共鸣，而且能够帮助他们更好地理解和欣赏非物质文化遗产的独特之处。

表演艺术更加注重舞蹈、音乐、歌唱等艺术形式的表达。通过舞蹈编排、音乐演奏和歌唱表演，将非物质文化遗产中的节日庆典、民族舞蹈、传统音乐等元素呈现给观众。表演艺术以其美妙的动作和声音，将非物质文化遗产的精髓展现得淋漓尽致，让观众沉浸在非物质文化遗产带来的艺术享受中。

通过剧场演出和表演艺术，非物质文化遗产得以在舞台上展示和传承。这种形式的艺术呈现不仅能够吸引游客和观众的注意力，而且为非物质文化遗产的保护和传播提供了新的方式和平台。剧场演出和表演艺术不仅能够吸引当地居民和游客观看，还能够通过演出巡回、节目录制和网络直播等手段将非物质文化遗产的表演推广到更广泛的观众群体中。

此外，剧场演出和表演艺术也为非物质文化遗产的传承和保护提供了支持。通过舞台上的呈现，非物质文化遗产得到了活化并被注入新的生命力。演员们通过对传统技艺的学习和表演，保持了非物质文化遗产的传统形式和特点，并在演出中融入了新的创意和艺术元素，使非物质文化遗产得到了创新和发展。这种传承和创新的结合有助于保护非物质文化遗产的独特性和多样性。

剧场演出和表演艺术作为文创产品在非物质文化遗产旅游中的应用具有重要的意义。它们通过舞台的艺术呈现，让观众亲身感受和体验非物质文化遗产的魅力，推动了非物质文化遗产的传播和传承。同时，它们也为旅游目的地带来了经济效益和社会影响力，促进了文化产业的发展和当地经济的繁荣。因此，剧场演出和表演艺术在非物质文化遗产旅游中具有重要的地位和作用。

三、互动体验项目

在非物质文化遗产旅游中，互动体验项目作为一种创新的文创产品应用方式，融合了非物质文化遗产和现代科技元素，为游客提供了丰富多样的参与和体验方式。通过虚拟现实（Virtual Reality，VR）、增强现实（Augmented Reality，AR）等技术，以互动体验项目打破传统旅游的局限性，使游客能以全新的视角和方式感受非物质文化遗产的魅力。

互动体验项目的核心目标是让游客参与其中，通过互动和沉浸式体验，加深对非物质文化遗产的理解和认同。通过技术的应用，游客可以身临其境地进入虚拟的非物质文化遗产场景中，与虚拟角色进行互动。例如，游客可以穿越时空，进入古代的工艺作坊，亲自参与传统工艺品的制作过程，了解其中的技巧和精髓。他们可以操作虚拟工具、选择材料，亲自体验制作的乐趣，从而更深入地了解非物质文化遗产的独特之处。

互动体验项目还可以模拟传统节日的庆典活动，让游客在虚拟的场景中体验传统节日的氛围和仪式。通过 AR 技术，游客可以通过手机或平板电脑等设备观看虚拟角色在现实场景中的展示，与他们互动并参与庆典活动。例如，在模拟的传统节日庆典中，游客可以观看虚拟的舞蹈表演、音乐演奏等，甚至可以与虚拟角色一起跳舞、参与游戏，共同感受传统节日的欢乐氛围。

互动体验项目的应用不仅丰富了游客的旅游体验，还为非物质文化遗产的传承和推广提供了新的机会。首先，互动体验项目能够吸引更多的游客，特别是年轻一代的游客。这一代游客更加熟悉和热衷于科技和互动媒体，通过创新的技术手段，互动体验项目能够激发他们对非物质文化遗产的兴趣和好奇心，增强他们参与旅游活动的意愿。其次，互动体验项目能够深化游客对非物质文化遗产的理解和认知。通过互动体验，游客能够以更直观、亲身体验的方式感受非物质文化遗产所承载的历史、文化和艺术价值。例如，在虚拟现实的呈现下，游客可以身临其境地参观历史古迹或传统村落，了解其建筑风格、当地人民的生活方式和社会制度等方面的文化特征。他们可以通过观察、互动和参与，更加深入地了解非物质文化遗产所代表的文化传统和知识体系。

互动体验项目为非物质文化遗产的传承和保护提供了新的机会和挑战。通过技术的应用，互动体验项目能够将非物质文化遗产的信息和故事以更生动的方式呈现给观众，从而提高其吸引力和可感知性。这不仅有助于吸引更多的游客关注非物质文化遗产，而且为文化传承者提供了更广阔的传播平台。同时，互动体验项目也要考虑如何保持非物质文化遗产的真实性，避免过度商业化和虚假呈现的问题。在项目的设计和实施过程中，需要与相关的文化传承者和社区合作，尊重其意愿和参与度，确保非物质文化遗产的真实性和可持续性。

互动体验项目还能够促进非物质文化遗产的国际交流与合作。通过技术的应用，互动体验项目能够将不同国家和地区的非物质文化遗产连接在一起，创建跨文化交流和互动的平台。游客可以通过互动体验项目，了解和体验不同文化背景下的非物质文化遗产，促进不同文化相互理解和尊重。这种国际交流和合作有助于推动非物质文化遗产的跨国传播和保护，促进文化实现多样性发展。

互动体验项目在非物质文化遗产旅游中的应用为游客提供了全新的体验方式，丰富了旅游体验的内涵。通过虚拟现实、增强现实等技术的运用，互动体验项目将非物质文化遗产与现代科技相结合，创造出沉浸性高、互动性强的体验，使游客能够更加深入地了解和感受非物质文化遗产的独特魅力。在互动体验项目中，游客不再是被动的观看者，而是参与者和创造者，他们可以自主选择和探索，与非物质文化遗产进行互动和交流。

四、主题展览和博物馆

在非物质文化遗产旅游中，主题展览和博物馆扮演着重要角色，它们是展示和传播非物质文化遗产的重要场所。主题展览和博物馆通过创新的展示方式、多媒体技术和互动展示手段，为游客呈现了丰富多样的非物质文化遗产内容，深化了游客对非物质文化遗产的理解和认知。

主题展览和博物馆以非物质文化遗产为主题，通过布展方式，向游客展示非物质文化遗产的历史、技艺、传承和文化价值等方面的内容。通过展示真实的文物、艺术品、图片、文字和多媒体内容，游客可以了解非物质文化遗产的起源、发展历程、传统技艺和文化内涵。同时，通过展示传统工艺品、民俗艺术、表演艺术等非物质文化遗产的实物或模型，游客可以近距离观察、欣赏和感受非物质文化遗产的独特魅力。

主题展览和博物馆还运用多媒体技术和互动展示手段，创造了更加生动的展示方式。通过视频、音频、虚拟现实等技术，游客可以沉浸在一个虚拟的非物质文化遗产场景中，感受传统工艺的制作过程、传统音乐的演奏、传统舞蹈的表演等。游客可以通过触摸屏、触感设备、动态模型等互动装置与展品进行互动，了解非物质文化遗产的工艺技巧、动作要领和艺术形式。这样的互动体验不仅增强了游客的参与感和体验感，还促使其更深入地了解非物质文化遗产。

主题展览和博物馆还注重创造多元化的参与方式，以满足不同游客的需求和兴趣。通过提供导览讲解、工作坊、互动游戏、文化表演等活动，主题展览和博物馆使游客能够以更全面的方式参与到非物质文化遗产的学习和体验中。例如，游客可以参加工艺品制作工作坊，学习传统工艺，亲手制作手工艺品。他们可以参与非物质文化遗产的传统表演，如学习舞蹈动作、演奏乐器等，体验非物质文化遗产的艺术魅力。此外，主题展览和博物馆还举办讲座、研讨会和文化活动等，吸引专家学者、文化爱好者和社区居民参与讨论和交流，推动非物质文化遗产的研究和传承。

主题展览和博物馆在非物质文化遗产旅游中的应用具有重要的意义。首先，它们为游客提供了了解和学习非物质文化遗产的机会。通过展览和展示，游客可以获取非物质文化遗产的相关知识和信息，了解其历史背景、文化内涵和传承价值。这种教育性的展示有助于游客更好地认识和尊重非物质文化遗产，促进对文化多样性的认知和理解。

主题展览和博物馆在非物质文化遗产旅游中的应用为游客提供了丰富的学习、体验和互动机会。通过创新的展示方式、多媒体技术和互动手段，主题展览和博物馆将非物质文化遗产的丰富内涵呈现给游客，深化了他们对非物质文化遗产的认知。此外，主题展览和博物馆作为非物质文化遗产的守护者和传承者，承担着保护、保存和传播非物质文化遗产的重要责任。主题展览和博物馆通过展示实物、文献资料和互动展示，不仅向游客展示非物质文化遗产的历史和技艺，还为游客提供了学习和参与的机会，促进了非物质文化遗产的传承和发展。最后，主题展览和博物馆还是非物质文化遗产交流与互动的平台，通过举办各种文化活动、讲座和研讨会，吸引专家学者和文化爱好者的参与，推动非物质文化遗产的交流、研究与传承。

五、文化体验活动

文化体验活动在非物质文化遗产旅游中扮演着重要的角色。这些活动以传统工艺制作、民俗活动、传统音乐舞蹈表演等形式，使游客能够亲身参与非物质文化遗产的实践和表演，让游客通过互动和体验来感受非物质文化遗产的魅力。

传统工艺制作是非物质文化遗产旅游中常见的文化体验活动之一。通过参与传统工艺品的制作过程，游客可以亲身体验传统技艺的独特魅力。例如，在陶艺制作活动中，游客可以学习制作陶器的基本技巧，如捏、拉、压、刻等，亲手制作陶艺作品。在木雕制作活动中，游客可以学习木雕的基本刀法和雕刻技巧，亲自雕刻出精美的木雕作品。通过参与传统工艺制作，游客不仅能够亲身感受传统工艺的精髓和艺术价值，还可以了解传统工艺背后的文化内涵和传承故事。

民俗活动也是非物质文化遗产旅游中常见的文化体验活动之一。这些活动以传统节日、庆典仪式、民间舞蹈、戏剧表演等形式呈现，让游客亲身参与其中。例如，在传统节日的庆祝活动中，游客可以穿上传统服装，参与庆典游行、舞蹈表演和民俗游戏等，体验节日的欢乐氛围和传统习俗。在民间舞蹈或戏剧表演活动中，游客可以学习基本舞蹈动作或表演技巧，与专业演员一起排练和表演，感受传统舞蹈和戏剧的魅力。通过参与民俗活动，游客能够深入了解传统节日和民俗文化的内涵，感受传统文化的独特魅力。

传统音乐舞蹈表演也是非物质文化遗产旅游中常见的文化体验活动之一。游客可以观看传统音乐舞蹈表演，欣赏传统乐器的演奏和舞蹈团体的精彩演出。同时，一些文化组织和场所还提供非物质文化遗产的音乐舞蹈体验课程，让游客能够学习和参与传统音乐舞蹈的表演。通过专业的导师指导，游客可以学习传统乐器的演奏技巧，如二胡、琵琶、鼓等，以及传统舞蹈的舞姿和动作。他们可以在体验课程中与其他学员一起排练和表演，感受音乐舞蹈的美妙和魅力。这样的文化体验活动不仅让游客近距离接触传统音乐舞蹈的表演艺术，还培养了他们对非物质文化遗产的欣赏和理解能力。

六、文化教育项目

文化教育项目在非物质文化遗产旅游中的应用是非常重要的。这些项目致力于通过教育和培训，传承和弘扬非物质文化遗产，使年轻一代能够学习和传承非物质文化遗产的技艺、知识和价值观念。文化教育项目通过各种形式的工作坊、培训班、学校课程等，为非物质文化遗产的传承和发展注入新的活力。

第一，文化教育项目提供了非物质文化遗产的知识和理论培训。通过课堂教学、讲座和学术研讨等形式，专家学者向学生和爱好者传授非物质文化遗产的相关知识，包括历史背景、文化内涵、技艺特点和传承价值等。学生可以了解不同类型的非物质文化遗产，如传统工艺、民间音乐、民俗节庆等，从而加深对非物质文化遗产的理解和认知。同时，他们还可以学习研究和保护非物质文化遗产的方法和技巧，为非物质文化遗产的传承和保护作出贡献。

第二，文化教育项目提供了非物质文化遗产的实践培训。通过工作坊、培训班和实践活动，学生和爱好者可以学习和掌握非物质文化遗产的技艺和技能。例如，在传统工艺品工作坊中，学生可以亲自参与传统工艺品的制作过程，学习传统工艺的技巧和工具使用方法。在民俗表演和音乐舞蹈培训班中，学生可以学习传统舞蹈动作、音乐演奏技巧，与专业艺术家共同排练和表演。通过实践培训，学生能够真正体验非物质文化遗产的魅力，同时掌握相关的技能和技巧，为非物质文化遗产的传承和发展提供实际支持。

第三，文化教育项目还注重非物质文化遗产的社区参与和社会影响。文化教育项目通过与相关社区、文化传承者和艺术家的合作，能够促进非物质文化遗产在社区中的传承和发展。文化教育项目与社区合作，建立起非物质文化遗产的共同体，使非物质文化遗产在社区中得以传承和发展。通过与传统工艺师傅、传统音乐舞蹈团体等文化传承者的合作，文化教育项目可以组织传统工艺制作展示和技艺传授活动，让年轻一代有机会学习传统工艺技艺，使传统工艺得到传承和发展。同时，项目通过组织社区庆典活动、民俗表演等，可以增强社区的凝聚力和认同感，促进非物质文化遗产在社区中的传承和保护。

第四，文化教育项目还具有重要的社会影响力。通过传授非物质文化遗产的知识和技能，项目不仅使学生和参与者能够了解和欣赏非物质文化遗产，还培养了他们对传统文化的兴趣和热爱。这些参与者在学习过程中，不仅可以提升自身的文化素养，还成为非物质文化遗产的推广者和传播者。他们可以通过展览、演出、培训等形式，向更广泛的群体传播非物质文化遗产的知识和价值观念，增强公众对非物质文化遗产的认知和关注，推动社会对非物质文化遗产的保护和发展。

第五，文化教育项目还鼓励创新与创造力的发展。通过教育和培训，学生和参与者被鼓励思考如何将非物质文化遗产与现代生活相结合，创造出新的文创产品和艺术形式。他们可以运用现代技术、设计和创意思维，将非物质文化遗产进行创新性的再解读和再呈现。这种创新与创造力，既有助于非物质文化遗产的传承与发展，也为非物质文化遗产旅游提供了更丰富多样的体验方式。

总的来说，文化教育项目在非物质文化遗产旅游中的应用是非常重要的。通过教育和培训，项目不仅传承和弘扬了非物质文化遗产，还提升了年轻一代的参与度和关注度，加深了公众对非物质文化遗产的认知和理解。这些文化教育项目通过知识传授、实践培训和社区合作，为非物质文化遗产的传承和发展注入新的活力。同时，它们培养了年轻一代对非物质文化遗产的兴趣和热爱，使他们成为非物质文化遗产的推广者和传播者，推动社会对非物质文化遗产的保护。

七、文化演艺活动

文化演艺活动在非物质文化遗产旅游中扮演着重要角色。通过举办传统音乐、舞蹈、戏剧等演艺活动，将非物质文化遗产的精华和魅力展示给大众，吸引游客和观众的参与和关注。这些演艺活动不仅丰富了旅游目的地的文化娱乐内容，而且为非物质文化遗产的传承和发展提供了重要的舞台。

（一）传统音乐

传统音乐演艺是非物质文化遗产旅游中一种常见的表现形式。通过传统乐器的演奏和传统音乐团体的演出，游客和观众可以欣赏到非物质文化遗产音乐的独特魅力。传统音乐演艺活动通常在音乐厅、剧院、文化艺术中心等场所举行，为游客提供了高品质的音乐享受。例如，在中国的非物质文化遗产旅游中，可以欣赏古琴、二胡、琵琶等传统乐器的精湛演奏，感受中国古典音乐的独特魅力。在印度的非物质文化遗产旅游中，可以欣赏印度古典音乐和印度舞蹈的精彩演出，体验印度文化的多样性和活力。传统音乐演艺活动不仅可以让观众领略非物质文化遗产的音乐艺术，还为传统音乐家提供了展示才华和传承传统文化的机会。

（二）舞蹈表演

舞蹈表演是非物质文化遗产旅游中常见的演艺活动。通过传统舞蹈团体的演出，游客和观众可以欣赏到非物质文化遗产舞蹈的优美姿态和精妙动作。不同地区的传统舞蹈具有独特的风格，通过舞蹈表演可以展示地域文化的丰富多样性。例如，在巴厘岛的非物质文化遗产旅游中，可以观赏到巴厘舞的精彩表演，感受到巴厘岛独特的文化魅力。在西非的非物质文化遗产旅游中，可以欣赏到非洲鼓舞蹈等表演，感受到非洲文化的活力和热情。传统舞蹈表演不仅展示了非物质文化遗产的艺术魅力，还传递了当地文化的情感和内涵。这些演艺活动为观众带来了视觉和精神的享受，激发了他们对非物质文化遗产的兴趣。

（三）戏剧表演

戏剧表演也是非物质文化遗产旅游中常见的演艺活动。通过传统戏剧团体的演出，游客和观众可以领略非物质文化遗产戏剧的精湛表演和故事情节。不同地区的传统戏剧具有独特的表演风格和艺术特色，通过戏剧表演可以展示地域文化的深厚内涵。例如，在欧洲的非物质文化遗产旅游中，可以欣赏到不同国家的传统戏剧，如英国的莎士比亚戏剧、意大利的歌剧等，感受到欧洲戏剧艺术的丰富多彩。传统戏剧表演不仅让观众沉浸在精彩的演出中，还使他们了解了非物质文化遗产戏剧的历史、艺术和文化背景。

第二章

非物质文化遗产旅游文创产品设计理论

第一节

非物质文化遗产旅游文创产品设计的概念和特点

第二节

非物质文化遗产旅游文创产品设计的原则和方法

第三节

非物质文化遗产旅游文创产品设计的实践案例

第一节 | 非物质文化遗产旅游文创产品设计的概念和特点

一、非物质文化遗产旅游文创产品设计的相关概念

在非物质文化遗产旅游文创产品设计中，涉及许多相关的概念和理念，以下是其中一些重要的概念。

（一）创新性（Innovation）

文创产品设计强调在传承非物质文化遗产的同时，注入创新元素，以适应现代社会和旅游市场的需求。创新性的设计能够为非物质文化遗产注入新的活力，使其更具吸引力和竞争力。

（二）故事性（Storytelling）

非物质文化遗产通常伴随着丰富的故事和传统背景。文创产品设计通过故事性的呈现，将非物质文化遗产的故事和意义传递给消费者，增强产品的吸引力和认同感。

（三）可持续性（Sustainability）

文创产品设计应考虑非物质文化遗产的可持续性保护和传承。设计师应关注资源的合理利用、环境保护和社会经济的可持续发展，确保文创产品的制作和使用不会对非物质文化遗产造成负面影响。

（四）文化认同（Cultural Identity）

文创产品设计旨在传达非物质文化遗产的文化价值和身份认同。设计师应通过符号、图案、色彩等元素，表达特定文化的特征和特色，使消费者能够感受到文化的独特魅力。

（五）互动性（Interactivity）

文创产品设计鼓励用户参与和互动，使其成为非物质文化遗产的体验者而不仅是观众。通过设计互动元素、游戏化的体验和参与活动，激发用户的兴趣和参与度，增强他们与非物质文化遗产的联系。

（六）地域特色（Local Characteristics）

文创产品设计应突出所在地区的地域特色和文化特点。运用当地的传统技艺、材料、图案等元素，使文创产品具有地域性的独特魅力，强化与非物质文化遗产的关联性。

（七）可访问性（Accessibility）

文创产品设计应考虑不同人群的需求和使用方式，使其具有较高的可访问性。设计师应关注产品的易用性、可理解性和适应性，以确保更多人能够享受和参与非物质文化遗产的体验。

（八）情感共鸣（Emotional Resonance）

文创产品设计应能够引起用户的情感共鸣和情感连接。通过设计能够触发用户情感反应的元素，如美学、情感符号、故事情节等，使用户在使用文创产品时能够产生情感上的认同和共鸣。

（九）多样性（Diversity）

文创产品设计应充分尊重和体现非物质文化遗产的多样性。不同地区和文化之间存在着丰富多样的非物质文化遗产，设计师应通过多样化的产品设计来展现这种多样性，使更多文化得到关注和保护。

（十）可持续发展（Sustainable Development）

文创产品设计应符合可持续发展的原则。考虑产品的环境影响、社会责任和经济可行性，通过使用环保材料、支持当地社区和传统工艺，促进非物质文化遗产的可持续发展。

（十一）参与性（Participation）

文创产品设计应鼓励用户的参与和互动，使其成为非物质文化遗产的创造者和传承者。设计师可以通过设计互动元素、参与活动和创意工作坊等形式，激发用户的创造力和参与度。

总体而言，非物质文化遗产旅游文创产品设计涉及多个相关概念，旨在通过创新、故事性、可持续性、地域特色等方面的设计，将非物质文化遗产转化为具有文化价值、商业价值和旅游吸引力的产品，促进非物质文化遗产的传承、保护和发展。

二、非物质文化遗产旅游文创产品设计的特点

（一）传承与创新的结合

文创产品设计旨在传承非物质文化遗产的传统技艺和文化价值，同时注入创新元素，使其与现代社会和旅游市场相结合。设计师在保持传统的基础上，通过创新的设计手法和材料运用，赋予产品新的时尚感和吸引力。

在传承方面，设计师致力于保留非物质文化遗产的传统元素和技艺，研究和理解非物质文化遗产的历史、传统和意义，深入挖掘其中的美学和文化特征。设计师通过对传

统图案、图腾、色彩和形态的运用，将非物质文化遗产的独特魅力传递给消费者。同时，他们关注传统工艺的传承和发展，与工艺师合作，保持对材料和制作过程的尊重，确保产品的质量和原汁原味。

在创新方面，设计师注重将非物质文化遗产与现代社会和旅游市场的需求相结合。他们通过引入新的设计元素、材料和技术，使产品更具时尚感和现代性。设计师可能将非物质文化遗产的图案融入现代的产品造型中，运用新的材料和工艺技术，创造出更具创意和独特性的产品。他们也会关注产品的功能性和实用性，使其符合现代消费者的需求和生活方式。

传承与创新的结合在非物质文化遗产旅游文创产品设计中起到了重要的作用。这种结合不仅能够保持非物质文化遗产的传统特征和文化价值，让消费者感受到历史和文化的延续，同时也为非物质文化遗产注入了新的活力和吸引力，使其能够与现代社会和旅游市场相互融合，更好地满足消费者的需求和期待。通过传承与创新的结合，非物质文化遗产旅游文创产品设计展现出独特的魅力和竞争力，促进了非物质文化遗产的保护、传承和发展。

（二）故事性和情感共鸣

文创产品设计通过故事性的呈现，将非物质文化遗产的历史、传统和故事传递给用户。这种设计能够唤起用户的情感共鸣和情感连接，让用户在使用产品时能够产生情感上的认同和共鸣。

故事性的呈现是通过设计元素、图案、色彩、文字等来传达非物质文化遗产的故事和意义。产品设计师会深入研究和了解非物质文化遗产的背景故事、传统习俗和传承历史，将这些故事元素巧妙地融入产品中。通过故事的讲述，用户可以更好地理解和体验非物质文化遗产的内涵和独特之处。产品设计可以以图案、图像、文字等形式呈现故事情节，增加产品的丰富性。

情感共鸣是指用户在使用文创产品时产生的情感连接和共鸣。通过故事性的设计，产品能够触发用户的情感回忆、情感体验和情感表达。产品设计师通过创造性的设计手法和元素，引发用户的情感共鸣，让用户在使用产品的过程中能够与非物质文化遗产建立情感上的联系。这种情感连接可以是对传统文化的向往和尊重，对历史的怀念和热爱以及对文化身份和认同的体验。

故事性和情感共鸣的设计特点使非物质文化遗产旅游文创产品更具有吸引力和感染力。通过故事的讲述和情感的共鸣，产品能够激发用户的情感需求和情感体验，使用户对非物质文化遗产产生更深入的兴趣。用户可以通过使用产品来了解和体验非物质文化遗产的故事和情感，从而增强对非物质文化遗产的认同和保护意识。这种故事性和情感共鸣的设计特点不仅使产品具有独特的情感魅力，也为非物质文化遗产的传承、保护和发展提供了更广阔的空间和机会。

（三）多样性和地域特色

非物质文化遗产的丰富多样性是由于不同地区、不同民族和不同文化传统的存在，这种多样性反映了人类社会的丰富性和多元性，也为文创产品设计提供了丰富的创作素材和表达方式。

在设计非物质文化遗产旅游文创产品时，设计师应该注重突出所在地区的地域特色和文化特点。通过运用当地的传统技艺、材料、图案等元素，设计师能够创造出具有地域性的独特产品。这些设计元素可以是特定地区的传统手工艺品、当地的民族服饰和装饰品、地方特色的图案和图像等。通过运用这些地域特色的元素，文创产品能够传达出与特定地区和文化相关的故事、情感和身份认同，使用户能够更好地体验和感受到当地的独特魅力。

此外，设计师在创作过程中还应尊重不同地区和文化之间的多样性。不同地区的非物质文化遗产具有各自的特点和表现形式，这种多样性应得到充分的尊重和体现。设计师可以通过深入研究和理解不同地区的非物质文化遗产，结合当地的传统艺术和手工技艺，创造具有地域特色和独特风格的文创产品。这种设计方式既能够展示非物质文化遗产的多样性，又能够为不同地区和文化之间的交流和理解提供平台。

非物质文化遗产旅游文创产品设计的特点在于突出多样性和地域特色。设计师还应尊重不同地区和文化之间的多样性，通过设计展示非物质文化遗产的丰富性和多元性。这种设计能够为用户提供更加丰富多样和富有地域特色的旅游体验，同时也为非物质文化遗产的传承和发展注入新的活力。

（四）参与性和互动性

传统的非物质文化遗产通常是以观赏和欣赏为主，而文创产品设计则追求用户的参与和互动，使用户成为非物质文化遗产的体验者和参与者。

首先，设计师可以通过引入互动元素，创造出能够激发用户兴趣和参与度的产品。这可以包括设计一些互动游戏、谜题或任务，使用户在使用产品的过程中可以参与其中，亲身体验非物质文化遗产的魅力。例如，在文创产品中融入一些小游戏，让用户通过解谜、拼图或模拟体验等方式，深入了解非物质文化遗产的传统技艺和工艺过程。这种参与性的设计能够激发用户的好奇心和探索欲望，使他们更加主动地了解和体验非物质文化遗产。

其次，文创产品设计还可以通过互动的展示和演示方式，让用户与非物质文化遗产进行直接互动。例如，在制作传统手工艺品的文创产品中，设计师可以提供一些材料和工具，并附上简易的教学指南，让用户亲手制作，体验传统工艺的制作过程。这样的设计不仅让用户更加深入地了解非物质文化遗产的技艺，还增强了用户与产品之间的情感连接和参与度。

最后，文创产品设计还可以通过组织互动活动和体验性的文化活动，将用户和非物质文化遗产的传统实践结合起来。例如，设计师可以组织非物质文化遗产工作坊或传统技艺体验活动，让用户亲身参与传统工艺的制作过程，与传统工艺师傅进行互动交流，深入了解非物质文化遗产的背后故事和技艺传承。通过这样的互动活动，用户不仅能够亲身体验非物质文化遗产的魅力，还能够与传统工艺师傅建立起真实而有意义的联系。

总的来说，非物质文化遗产旅游文创产品设计的参与性和互动性特点能够提升用户的参与度和体验感，加深用户对非物质文化遗产的理解和认知，促进非物质文化遗产的传承和发展。通过设计互动元素、游戏化的体验和参与活动，设计师能够创造出更具吸引力和参与度的文创产品，为用户提供与非物质文化遗产互动的机会，让他们成为非物质文化遗产的积极参与者和推动者。

（五）可持续性和环境保护

文创产品设计应考虑非物质文化遗产可持续性的保护和传承以及对环境的保护。设计师应关注产品的可持续性，选择环保材料，支持当地社区和传统工艺，促进非物质文化遗产的可持续发展。

首先，设计师应选择环保材料来制作文创产品。这些材料应具有可再生性、可回收性或可降解性，减少对环境的负面影响。例如，可以使用天然纤维材料、有机棉等可再生的材料来制作床品、衣物等产品，避免使用对环境有害的化学物质。此外，还可以选择使用经过环境认证的材料，如使用符合环保标准的染料和油墨，以确保产品制作过程中不会对环境造成污染。

其次，设计师应支持当地社区和传统工艺。非物质文化遗产的传承和发展离不开当地社区的支持和参与。设计师可以与当地的手工艺人、工坊和社区合作，借助他们的专业知识和技艺，共同设计和制作文创产品。不仅有助于传承和保护非物质文化遗产，也促进了当地经济的发展和社区的可持续性。

最后，设计师还可以采用创新的方式来减少资源消耗和能源消耗。例如，可以设计可拆卸的产品结构，方便用户更换部件或进行维修，延长产品的使用寿命。同时，可以采用节能和环保的材料，如利用太阳能或可再生能源供电，减少对传统能源的依赖。

非物质文化遗产旅游文创产品设计的特点之一是关注可持续性和环境保护。设计师选择环保材料、支持当地社区和传统工艺，以及采用创新的设计方式来减少资源消耗，能够为非物质文化遗产的可持续发展作出贡献，并保护和传承宝贵的文化遗产。这样的设计不仅符合环保理念，也能赢得消费者的认可和支持。

（六）文化认同和身份认同

文创产品设计旨在传达非物质文化遗产的文化认同和身份认同。设计师通过符号、图案、色彩等元素来表达特定文化的特征和特色，使用户能够感受到文化的独特魅力，并增强他们对自身文化身份的认同感。

首先，设计师要深入了解非物质文化遗产的背景和内涵，包括传统技艺、历史故事、宗教信仰等。通过对这些元素的细致研究和理解，设计师能够将其转化为可视化的图形和符号，以在产品中展示文化的独特性。例如，可以使用特定的图案、纹样或象征性的图像来代表某个特定的文化，使用户在使用产品时能够直观地感受文化的存在。

其次，设计师会运用特定的色彩和材料来体现文化的特征。不同文化通常有其独特的色彩偏好和材料选择，设计师可以借鉴这些特点，将其运用到文创产品的设计中。例如，中国传统文化常以红色、金黄色等鲜艳的色彩为主，而日本传统文化则常以淡雅、自然的色彩为主。通过运用这些色彩和材料，设计师能够在产品中传达出特定文化的氛围和情感。

最后，设计师还可以通过产品的造型和形式来体现文化认同和身份认同。传统的文化形式和造型常与特定的文化身份紧密相关。设计师可以将这些传统形式的元素融入产品设计中，以展示特定文化的独特魅力。例如，在中国文化中，龙、凤、瑞兽等传统图案常被运用到文创产品的设计中，以突出中国传统文化的特征。

非物质文化遗产旅游文创产品设计关注文化认同和身份认同，通过对符号、图案、色彩等元素的运用，体现特定文化的特征和特色，增强用户对自身文化身份的认同感。这样的设计不仅能够让用户在使用产品时产生情感共鸣，还能够促进文化的传承和保护。

第二节 | 非物质文化遗产旅游文创产品设计的原则和方法

一、非物质文化遗产旅游文创产品设计的原则

非物质文化遗产旅游文创产品设计的原则是指在设计过程中需要遵循的基本准则和指导方针，以确保产品充分展现非物质文化遗产的特点和价值，同时满足市场需求和用

户体验。

（一）传承原则

设计师应该以尊重和传承非物质文化遗产为出发点，在设计过程中注重保持传统工艺和技艺的原汁原味，传递非物质文化遗产的核心价值和意义。

首先，设计师应深入研究和了解特定非物质文化遗产的历史背景、技艺流程、符号意义等方面的知识。通过与相关文化传承人和专家的合作与交流，获取更多的信息和灵感，确保对非物质文化遗产的准确理解。

其次，设计师应保持对传统工艺和技艺的尊重和敬意。在产品设计中，注重对传统工艺技术的运用，保持传统技艺的独特魅力。这包括选用传统材料、使用传统工具、采用传统技术和技巧等使产品能够传递出非物质文化遗产的历史性和独特性。

再次，设计师应注重在产品中传达非物质文化遗产的核心精神和价值观。这涉及符号和图案的运用、色彩的选择、故事的表达等方面。设计师可以运用象征性的符号和图案来传达非物质文化遗产的特征和意义以及对生活的启迪和影响。

最后，创新也是传承的一部分。设计师在传承非物质文化遗产的同时，应注入创新元素，使产品具有现代感和吸引力。通过运用创新的设计手法、材料和技术，将非物质文化遗产与现代社会和旅游市场相结合，为消费者带来惊喜和新鲜感。

传承原则是非物质文化遗产旅游文创产品设计的重要原则之一。设计师应尊重和传承非物质文化遗产的传统技艺和价值观，注重保持传统工艺的原汁原味，同时通过创新的设计手法将其与现代社会和旅游市场相结合，实现非物质文化遗产的传承和发展。

（二）创新原则

设计师在传承非物质文化遗产的同时，应注入创新元素，以适应现代社会和旅游市场的需求。

1. 材料创新

设计师可以尝试运用新的材料来制作文创产品。例如，使用环保材料、可回收材料或具有特殊质感的材料，以增加产品的吸引力和独特性。同时，新材料的运用还可以提升产品的耐用性和实用性。

2. 技术创新

设计师可以尝试运用新的技术和工艺方法来制作文创产品。例如，数字化设计、3D打印、激光雕刻等。这些技术的运用可以提升产品的精细度、创意性和生产效率，为消费者带来新的体验。

3. 形式创新

设计师可以通过创新的形式和造型设计来呈现非物质文化遗产。例如，将传统的图案、图标和符号重新演绎和组合，创造出独特的视觉效果和表现形式。此外，还可以通过产品的功能和结构设计来满足现代生活的需求，提升产品的实用性和便利性。

4. 故事创新

设计师可以通过创新的故事叙述方式来传达非物质文化遗产的意义和价值。通过重新演绎传统故事、设计新的故事情节以及加强与当代社会的联系，使故事更加贴近现代人的生活和情感，增强用户的情感共鸣。

5. 体验创新

设计师可以通过创新的体验设计来吸引用户的参与和互动。例如，设计互动式展览、体验活动、虚拟现实技术等，让用户身临其境地感受非物质文化遗产的魅力和韵味。

6. 市场创新

设计师需要密切关注市场趋势和消费者需求，通过创新的产品定位、市场定位和营销策略，将文创产品推向市场。例如，结合特定节日、活动或旅游目的地，设计有特色的限量版产品或定制化服务，满足不同消费群体的需求。

创新原则在非物质文化遗产旅游文创产品设计中会起到关键作用。通过创新，设计师可以为非物质文化遗产注入新的活力和时代特色，使其更加吸引年轻一代和国际游客的关注。创新不仅体现在产品的外观和形式上，还包括材料、技术、故事叙述方式、体验设计等方面。创新的产品设计能够打破传统的束缚，突破传统文化的边界，使非物质文化遗产得以与现代社会相融合，为文化的传承和发展带来新的动力。

（三）故事性原则

通过故事性的呈现，设计师能够将非物质文化遗产的历史、传统和故事传递给用户，激发他们的兴趣和情感共鸣。故事作为一种强大的传播方式，能够打动人心、引发共鸣，让用户在使用产品时能够产生情感上的认同。

在文创产品设计中，故事可以通过多种方式来呈现。设计师可以通过图案、图像和装饰元素来诉说故事，使用具有象征意义的符号和图案来表达非物质文化遗产的核心价值和传统故事。同时，设计师还可以通过产品包装、标签和宣传材料等渠道，以文字的形式讲述故事，向用户传递非物质文化遗产的背景和意义。

故事性的设计还可以通过产品的体验和互动来实现。设计师可以设计互动元素、游戏化的体验和参与活动，使用户能够亲身参与非物质文化遗产的故事，与之产生更加深刻的连接和体验。比如，设计一个互动展示馆或者体验工作坊，让用户亲身参与非物质文化遗产的制作过程，体验传统技艺的魅力。

故事性的设计不仅能够增加产品的吸引力和趣味性，还能够加深用户对非物质文化遗产的了解和认知。通过讲述故事，设计师能够向用户传递非物质文化遗产的独特性、历史意义和文化价值，引发他们对传统文化的兴趣和关注。同时，故事也有助于激发用户的想象力和创造力，使他们能够将非物质文化遗产与自己的生活和经历相联系，从而形成更深层次的情感共鸣和身份认同。

故事性是非物质文化遗产旅游文创产品设计的重要原则。通过故事的呈现，设计师能够将非物质文化遗产的历史、传统和故事传递给用户，激发他们的情感共鸣。故事性的设计不仅增加了产品的吸引力和趣味性，还有助于加深用户对非物质文化遗产的了解和认知。通过故事性的设计，用户能够更加深入地了解非物质文化遗产的背后故事和文化意义，加深对其价值的理解和认同。

（四）可持续性原则

设计时应考虑非物质文化遗产的可持续性保护和传承。产品设计应关注资源的合理利用、环境保护和社会经济的可持续发展，确保文创产品的制作和使用不会对非物质文化遗产造成负面影响。设计师可以选择环保材料、支持当地社区和传统工艺，促进非物质文化遗产的可持续发展。

1. 资源的合理利用

（1）环保设计材料：在选择材料时，设计师可以考虑使用具有可再生性的材料，如竹木、有机棉等，以减少资源消耗。同时，优先选择可回收材料，如金属、玻璃等，以及可持续利用的材料，如再生纤维，以减少废弃物的产生。采用天然纤维材料，如有机棉、麻纤维等，有助于减少化学合成过程中的能源消耗和环境污染。这不仅降低了产品的碳足迹，还有助于支持农村经济和传统纺织工艺。

（2）环保生产工艺：选择使用低污染、低能耗的环保染料，减少对水资源的污染和消耗。染色过程中可以采用闭环系统，最大限度地回收和重复使用染料，减少废水排放。在产品包装上使用可降解的材料，如可生物降解塑料、纸张等，以减少包装废弃物对环境的影响。此外，设计包装时可以考虑减少不必要的包装，从而降低资源消耗。

2. 环境的保护

（1）产品生命周期：从产品的整个生命周期角度考虑，设计师可以确保在原材料获取、制造、使用和废弃等阶段都采取环保措施，降低环境的负荷。

（2）减少环境污染：在产品制造过程中避免使用有害化学物质，以减少对工人和环境的健康危害。设计师可以寻找更安全、更环保的替代物质，优化生产流程，减少能源的使用，例如采用高效能源设备、改进加工工艺等，以减少产品制造过程中的碳排放。

（3）循环使用和回收：设计师可以设计出耐用、易维修的产品，延长产品的使用寿命，减少废弃物的产生。还可以提供售后服务，使消费者更愿意修复而不是替换产品。

设计师可以在产品设计阶段考虑材料的可分离性，以便后续的材料回收和再利用。此外，还可以与回收机构合作，建立回收渠道，将废弃产品重新回收利用，以减少对环境的污染。

3. 社会经济的可持续发展

（1）当地社区影响：设计师可以与当地手工艺人合作，支持他们的技艺传承和发展。这不仅有助于保护传统工艺，还可以提供就业机会，促进当地经济的增长。设计师可以通过在当地组织培训项目、工作坊等方式，传承和弘扬传统技艺，帮助手工艺人提升技能水平，提高他们的社会地位和收入水平。

（2）非物质文化遗产推广：设计师可以通过产品设计传达非物质文化遗产的故事和价值，引导公众更深入地了解和参与文化传承活动，从而促进非物质文化遗产的传承和推广。设计师可以通过产品的销售和推广，带动当地社区的经济增长，增加居民的收入来源。同时，通过让社区居民更多地参与非物质文化遗产的传承活动，加强他们对文化的认同感和自豪感。

4. 文化传承与创新的平衡

（1）尊重传统：设计师在创作过程中应尊重非物质文化遗产的根源和传统价值观，避免扭曲或误解文化元素，确保传统技艺的真实性和完整性。

（2）创新设计：设计师可以将传统元素与现代设计语言相融合，创造出既有传统味道又有现代吸引力的产品，从而使非物质文化遗产更具活力。通过创新的设计和营销手段，设计师可以吸引更多年轻人参与和关注非物质文化遗产的传承，使其在当代社会保持持续的影响力。

5. 认知和意识的提升

（1）提高公众认知：设计师可以通过产品设计，将非物质文化遗产的故事、历史和意义呈现给用户，从而提高公众对这些文化遗产的认知水平。

（2）激发兴趣：设计师可以通过产品的包装、标签、说明等方式，向用户传递与非物质文化遗产相关的故事和信息，激发他们的兴趣。设计师可以设计具有互动性的产品，让用户参与其中，亲身体验非物质文化遗产的魅力，培养其情感连接和参与意愿。

（3）增强保护意识：通过产品的信息展示和宣传，设计师可以向用户传达非物质文化遗产的背后故事、传统技艺和文化价值，从而增强公众的保护意识。

设计师可以与教育机构、社区组织合作，举办文化活动、工作坊等，促使公众更深入地了解非物质文化遗产，形成保护意识并积极支持相关的保护和传承工作。

可持续性原则在非物质文化遗产旅游文创产品设计中起着重要的作用。通过关注资源利用、环境保护、社会经济的可持续发展以及文化传承与创新的平衡，设计师能够创造出具有商业可行性和文化价值的文创产品。这些产品既能满足市场需求，获得经济效益，也能保护和传承非物质文化遗产的精髓。

（五）可访问性原则

文创产品设计应考虑不同人群的需求和使用方式，以确保产品具有较高的可访问性。设计师应关注产品的易用性、可理解性和适应性，以确保更多的人能够参与并享受非物质文化遗产的体验。设计师在产品设计时应考虑不同年龄、性别、文化背景等方面的用户需求。

1. 易用性

设计师应注重产品的易用性，使其对用户来说操作简单、直观且易于掌握。产品的使用方式应尽可能简化，用户能够轻松理解如何使用和操作产品，从而享受非物质文化遗产带来的乐趣和愉悦体验。

2. 可理解性

设计师应确保产品的信息和功能能够被用户理解和识别。产品的界面设计、图形和文字的表达方式应简洁明了，避免过多复杂的术语和专业知识，使用户能够轻松理解产品的用途、功能等相关信息。

3. 适应性

产品设计应考虑不同年龄、性别、文化背景等用户的需求。设计师可以采用可调节、可适应的设计元素，以满足不同用户群体的需求。例如，产品的大小、形状、材质等可以根据用户的需求进行调整，以确保产品的适用性和舒适性。

4. 可访问性

设计师应关注特殊群体的需求，如老年人、残障人士等。产品设计应符合无障碍设计的原则。例如，提供辅助功能、易于触碰和操作的按钮、大字体和高对比度的显示等，以确保这些群体也能够获得相同的参与机会和体验。

5. 文化适应性

产品设计应尊重和反映不同文化背景用户的需求。考虑不同地域和文化之间的差异，产品设计应具有一定的灵活性和可定制性，以满足不同文化背景用户的审美偏好和使用习惯。

通过遵循可访问性原则，设计师能够创造出易于使用、理解和适应的文创产品，为更多的人提供参与和体验非物质文化遗产的机会，促进文化传承、推广和多元发展。

（六）多样性原则

非物质文化遗产具有丰富多样的地域特色和文化特点。文创产品设计应突出这种多样性，并尊重不同地区和文化之间的差异。设计师应通过多样化的设计元素、图案和风格，展现不同地域和文化的独特性，并使不同用户能够找到与自己文化背景相符的产品。

1. 地域特色的呈现

设计师应运用当地的传统工艺、材料、图案和色彩等元素，展现特定地区非物质文化遗产的独特性。通过运用地域特色的设计元素，产品能够体现出当地的风土人情和文化特点，吸引用户对该地区文化的兴趣和好奇。

2. 文化元素的体现

不同地区和文化都有自己独特的艺术表现形式和符号体系。设计师可以运用当地的传统图案、图像、符号和艺术风格等元素，将其融入文创产品设计中，以展现非物质文化遗产的多样性和独特魅力。

3. 受众群体的多样性考虑

非物质文化遗产的传承和推广需要吸引不同背景和兴趣的用户。设计师应考虑不同年龄、性别、文化背景和兴趣爱好的受众群体的需求。通过设计多样化的产品线，提供不同款式和功能的选择，以满足不同用户群体的偏好和需求。

4. 跨文化交流和融合

多样性原则也鼓励设计师在产品设计中融合不同地区和文化之间的元素，以促进跨文化的交流。设计师可以将不同文化的特色元素进行创新组合，创造出具有独特魅力和跨文化影响力的产品。

设计师遵循多样性原则，能够创造出展现非物质文化遗产多样性的旅游文创产品，使不同地区和文化的传统工艺和艺术形式得以展示和传承。这样的设计不仅丰富了产品的呈现方式，也为用户提供了更多的体验和参与机会，推动文化多元性的传播、促进公众的认同。

（七）品质和工艺原则

优质的材料和精湛的工艺能够提升产品的观感和使用体验，体现非物质文化遗产的精髓和独特之处。设计师应选择适合的材料和工艺技术，保证产品的耐久性、美观性和实用性。

1. 材料选择与品质保证

设计师应选择符合产品需求的高质量材料，以确保产品的耐久性和高品质。这些材料可以是传统的手工艺材料，也可以是现代技术所提供的高性能材料。材料的选择应与非物质文化遗产的特性相匹配，同时满足产品的功能要求和用户的期望。

2. 工艺技术与精湛制作

文创产品的制作过程应遵循精湛的工艺技术。设计师应熟悉并尊重传统工艺技术，同时结合现代制作技术进行创新。通过精湛的工艺制作，产品能够展现出高度的手工艺美感和高超的工艺技术，增强用户对非物质文化遗产的认同感。

3. 设计细节与精致品位

产品的设计细节应精致且注重用户品位。细节设计包括图案纹理、装饰元素、结构构造等方面，这些细节能够展现出产品的精巧和独特之处。设计师应注重对每一个细节的处理，以提升产品的整体质感和美学价值。

4. 注重实用性与功能性

优秀的文创产品不仅具备艺术性和观赏性，还应具备实用性和功能性。产品的设计应考虑用户的使用需求和便利性，确保产品在实际使用中能够发挥其功能，并满足用户的期望。

5. 品质控制与质量保证

设计时应注重对产品的品质控制和质量保证。从材料采购到制作过程的每一个环节，都应遵循严格的品质标准和质量管理流程，以确保产品质量的稳定性。品质控制也包括对成品的检查和测试，以确保产品符合设计标准和用户期望。

通过遵循品质和工艺原则，设计师能够打造出高品质、制作精湛的非物质文化遗产旅游文创产品。这些产品不仅能够展示和传承非物质文化遗产的精髓，还能够提供给用户优质的使用体验和观赏体验。对品质和工艺的追求使得文创产品可以成为非物质文化遗产的一张名片，展示非物质文化遗产的独特和价值。

（八）市场导向原则

设计师需要研究目标市场和用户群体的偏好和需求，以确保产品的市场适应性和竞争力。市场导向的设计可以使产品更具商业价值和市场潜力，并促进非物质文化遗产旅游产业的可持续发展。

1. 市场调研

设计师进行市场调研，可以了解目标市场的特点、趋势和消费者需求。研究消费者的兴趣、偏好和购买行为，了解他们对非物质文化遗产的认知和期望。通过市场调研，设计师可以获取宝贵的市场信息，指导产品定位和设计。

2. 用户体验

设计师注重用户体验，从用户的角度出发设计产品。考虑产品的功能性、便利性、舒适度和易用性等方面，确保产品能够满足用户的需求和期望，提供良好的用户体验，增强用户的满意度和忠诚度。

3. 创新和差异化

设计师在市场中寻找差异化的机会，可以通过创新的设计元素、功能或特性，使产品与竞争对手区别开来，创造独特的品牌形象和产品特点，以吸引目标市场的注意力并赢得竞争优势。

4. 灵活性和适应性

因为市场需求和趋势不断变化，所以设计师应具备灵活性和适应性，及时调整产品设计策略，以适应市场的变化，与市场保持紧密的联系，根据市场需求和反馈进行产品改进和优化。

5. 品牌建设

设计师可以通过品牌建设来提升产品的市场竞争力，注重对品牌形象的塑造，包括品牌名称、标识、包装和宣传等方面，建立独特、有辨识度的品牌形象，增强产品在市场中的认知度和价值。

6. 合作与推广

商家可以与旅游业、文化机构、零售商等相关行业建立合作伙伴关系，共同推广和销售文创产品。通过合作扩大产品的市场覆盖范围，提高产品的曝光度和销售渠道。

7. 营销和宣传

商家可以制订有效的营销和宣传策略，将产品推向市场。利用多种渠道和媒体进行宣传，包括线上线下的推广活动、社交媒体营销等，通过积极地营销和宣传，提高产品的知名度和吸引力。

通过遵循市场导向原则，设计师可以确保产品与市场需求相匹配，提高产品的竞争力和商业价值。同时，合理考虑文化保护和社会责任，实现非物质文化遗产的可持续发展和传承。

二、非物质文化遗产旅游文创产品设计的方法

设计非物质文化遗产旅游文创产品时，可以采用以下五种方法。

（一）借鉴传统元素

从非物质文化遗产中提取传统的图案、色彩、形态等元素，将其融入产品设计中。可以通过对非物质文化遗产的研究和理解，挖掘其独特之处，并在设计过程中尊重并保留传统元素的特点。

1. 研究和理解非物质文化遗产

在设计过程中，深入研究和理解相关的非物质文化遗产，包括其历史、文化背景、制作技艺、象征意义等。这将有助于设计师把握传统元素的内涵和特点，为设计提供有力的依据和灵感。

2. 选择和提取传统元素

设计师通过对非物质文化遗产的分析和梳理，选择和提取其中的传统元素，如特定

图案、纹样、色彩搭配、形态结构等，这些元素代表着传统文化的符号和特征，具有辨识度和文化意义。

3. 尊重和保留传统元素

在融入传统元素的过程中，设计师应尊重和保留其原有的特点和魅力，需要细致地处理和表达这些元素，保持其独特性和完整性。同时，也可以进行适度的创新和演绎，以适应现代社会的需求和审美趋势。

（二）结合创新与现代化理念

设计师在保留传统元素的基础上，可以结合创新和现代化的设计理念，与当代审美趋势和市场需求相结合，赋予产品更加时尚、个性化的特点，使其能够吸引更广泛的消费者群体。

1. 理解市场需求

在设计过程中，需要深入了解目标市场的用户需求和发展趋势。通过市场调研和用户反馈，了解消费者的喜好、偏好和购买习惯。这将为设计师提供指导，使其能够将传统元素与现代需求相结合，创造出受欢迎的旅游文创产品。

2. 创新设计思维

鼓励设计师采用创新的设计思维，突破传统框架，寻找新的表现方式和创意元素。设计师可以不拘泥于传统形式和材质的限制，尝试新的材料、工艺和技术，为旅游文创产品注入新鲜感和独特性。

3. 融合现代审美

在保留传统元素的同时，设计师可以融合现代审美趋势，使产品更具时尚感和现代感。运用现代的设计语言、图案、色彩和形态，使旅游文创产品呈现出与时代潮流相符合的外观和风格。这样可以吸引更广泛的消费者群体，提高产品的市场竞争力。

4. 强调个性化

现代消费者越来越注重个性化和定制化的产品体验。设计师可以通过提供个性化的产品和定制化的服务，满足消费者对独特性和个性化的需求。例如，通过允许消费者选择不同的图案、颜色或个性化定制的元素，让他们参与产品的设计过程。

5. 结合数字技术

现代数字技术的发展为设计师提供了更多创新的可能性。设计师可以通过运用虚拟现实、增强现实、互动体验等技术，打造出与众不同的旅游文创产品。这些技术可以为消费者提供更加丰富、沉浸式的体验，增强产品的吸引力和独特性。

创新与现代化的设计方法为非物质文化遗产旅游文创产品的设计提供了重要的途径和手段。通过平衡传承与创新，满足当代消费者的需求，提升产品的功能性和实用性，开拓新的市场机会，以促进非物质文化遗产的传承与保护，这一方法能够为旅游文创产品的设计带来更加丰富和具有吸引力的创新思路。

（三）故事性设计

设计师通过设计具有故事性和情感共鸣的产品，将非物质文化遗产的历史传承和文化内涵融入其中。可以通过图案、图像、文字等方式，讲述非物质文化遗产背后的故事，唤起人们对传统文化的兴趣和认同。

1. 挖掘故事背后的文化内涵

在设计旅游文创产品时，设计师需要深入挖掘非物质文化遗产背后的文化内涵和背景故事。这可以通过研究非物质文化遗产的历史、传统技艺、传承人物以及相关的民间故事、传说和象征意义来实现。设计师可以通过深入了解这些背景信息，把握非物质文化遗产的独特魅力和文化价值。

2. 以图案、图像、文字等方式讲述故事

设计师可以运用多种媒介和方式，如图案、图像、文字等，将非物质文化遗产的故事融入旅游文创产品的设计中。通过精心设计的图案元素、富有表现力的图像和寓意深远的文字，将非遗背后的故事情节和文化内涵传递给消费者。这样的设计方法可以引起人们的兴趣和好奇心，激发他们对非物质文化遗产的探索欲望。

3. 营造参与感

故事性设计可以通过营造情感共鸣和参与感，使消费者更深入地体验和理解非物质文化遗产。设计师可以设计与故事相关的互动元素，如游戏、解谜、互动展示等，让消费者参与其中，创造与非物质文化遗产相关的互动体验。通过与产品的互动，消费者能够更深入地感受非物质文化遗产的魅力和独特之处。

4. 传递非物质文化遗产的意义和价值

故事性设计可以帮助消费者更好地理解非物质文化遗产的意义和价值。通过故事的讲述，可以向消费者传递非物质文化遗产的历史、价值观、人文精神等方面的信息。有助于增强人们对传统文化的认同和尊重，促进对非物质文化遗产的传承和保护。

5. 引发目标受众的情感共鸣

故事性设计要注重与目标受众的情感共鸣。设计师通过选择和构建具有情感价值和情节吸引力的故事，可以引起受众的共鸣和情感投入。这样的设计方法可以激发消费者对产品的情感认同和情绪体验，增加产品的吸引力。

6. 多媒体和跨界融合

故事性设计可以利用多媒体和跨界融合的方式，将非物质文化遗产的故事与音频、视频、动画、虚拟现实等元素结合，创造出更加丰富、多样化的产品体验。设计师可以运用不同媒介和技术，打造出更具互动性和沉浸式的故事体验，提升产品的吸引力和竞争力。

7. 用户参与和共创

故事性设计可以鼓励用户参与和共创。设计师可以提供一些互动元素或参与活动，让用户参与故事中，与产品进行互动并进行创造。这种参与和共创可以增加用户的体验感和趣味性，同时也促进了非物质文化遗产的传承和推广。

故事性设计是非物质文化遗产旅游文创产品设计的重要方法之一。通过挖掘故事背后的文化内涵，以图案、图像、文字等方式讲述故事，营造观众的情感共鸣和参与感，传递非物质文化遗产的意义和价值，强调创新和创意，打造出具有吸引力、个性化和与当代社会联系的旅游文创产品。这样的设计方法不仅能够保护和传承非物质文化遗产，还能够吸引更多的消费者，推动旅游业的发展和文化的传播。

（四）地域化设计

根据不同地域和文化的特点，设计具有地方特色的旅游文创产品。通过融入当地特有的非物质文化遗产元素和风格，打造具有地域标志性和独特性的产品，强化对地方文化的表达和传承。

1. 研究地域特色

在设计旅游文创产品之前，设计师需要对目标地区的地域特色进行深入研究。这包括地域的地理环境、自然景观、历史背景、民俗风情、工艺传统等。通过对地域特色的研究，设计师可以把握当地文化的独特之处，为产品设计提供灵感和有力的依据。

2. 融入非物质文化遗产元素

设计师可以从当地的非物质文化遗产中提取元素，如传统技艺、民间艺术、传统习俗等，将其融入产品设计中。这些元素代表了地方文化的符号和特征，通过对这些元素的巧妙运用，可以为产品注入地域特色和独特魅力。例如，可以采用当地传统图案、纹样、色彩和材质等，以展现地域文化的独特艺术风格。

3. 强调地方风格和特色

地域化设计强调突出地方风格和特色，使产品具有地域标志性。设计师可以根据地域特色和非物质文化遗产的特点，运用适合的设计语言和风格，使产品在外观、色彩、材质等方面呈现出当地独有的特色。这样的设计方法可以使产品与众不同，增强其地域认知度和辨识度。

4. 结合当地人文环境

地域化设计需要结合当地的人文环境，包括当地居民的生活方式、习俗、信仰、价值观等。设计师可以通过观察和交流，了解当地人的需求和喜好，将这些因素融入产品设计中。例如，可以设计适应当地节庆活动、宗教仪式或特定场景的文创产品，与当地居民共享文化盛事。

5. 与地域产业合作

地域化设计需要与地域产业进行合作，借助当地的手工艺师、制作工坊或合作社等资源，实现旅游文创产品的生产和制作。与地域产业合作可以促进当地经济的发展，同时也能够保护和传承当地的非物质文化遗产。设计师可以与当地手工艺师合作，学习和了解他们的传统工艺技术，将其运用到产品的制作过程中，保持传统工艺的纯正性和原汁原味。

6. 注重用户体验

地域化设计的旅游文创产品需要注重用户体验及其参与感。产品设计应该考虑用户的需求和偏好，为其提供独特的文化体验。设计师可以通过增加互动性、参与性和个性化的设计元素，使用户能够与产品产生情感共鸣，并深入了解当地的文化传统。

7. 创造多样化的应用场景

地域化设计的旅游文创产品可以在不同的应用场景中展示和销售。除了在旅游景区和文化遗产保护区内，还可以考虑将产品应用于当地的酒店、商店、文化活动等场所。这样可以扩大产品的传播渠道和影响力，让更多的人有机会接触和体验地域文化的魅力。

8. 加强市场营销和宣传推广

地域化设计的旅游文创产品需要进行有效的市场营销和宣传推广。设计师可以通过多种渠道，如展览、电子商务平台、社交媒体等，向目标受众宣传产品的地域特色和文化价值。同时与当地旅游机构、文化机构以及地方政府进行合作，共同推动产品的推广和销售。

通过地域化设计的方法，非物质文化遗产旅游文创产品可以充分展现地方特色和文化魅力，强化对地域文化的表达和传承。这不仅有助于当地经济的发展，还可以促进非物质文化遗产的保护和传承，提升地域文化的认知度和影响力。同时，地域化设计的旅游文创产品也为游客提供了更丰富、更具个性化的文化体验，加深了他们对地方文化的认同感和参与度。

（五）与文化教育相结合

将非物质文化遗产作为教育和体验的载体，设计具有教育和互动性质的文创产品。例如，设计面向儿童的益智玩具，通过游戏和互动的方式，让孩子们了解和体验非物质文化遗产。在文化教育与互动体验的设计中，设计师可以考虑以下四个方面。

1. 益智教育

设计面向儿童和青少年的益智玩具、拼图、游戏等，通过游戏化的方式，让孩子们了解非物质文化遗产的知识，培养他们的观察力、逻辑思维和创造力。

2. 互动体验

设计可以参与的体验型的文创产品，如工艺制作工坊、互动展览等，让参与者亲身体验非物质文化遗产的制作技艺和过程，加深他们对传统文化的理解和感受。

3. 虚拟现实和增强现实

利用虚拟现实和增强现实等技术，设计沉浸式的体验，让用户感觉自己置身于非物质文化遗产的场景中，与文化元素进行互动，增强学习效果和体验的趣味性。

4. 教育资源开发

设计教育资源，如非物质文化遗产的教学课件、故事书、手册等，供教育机构和教师使用，促进非物质文化遗产的传承与普及。

通过将非物质文化遗产与文化教育和体验相结合，设计师可以创造出具有教育意义和娱乐性的文创产品，使年轻一代能够在愉悦的体验中学习和感受传统文化的魅力。这种设计定位不仅可以增强对非物质文化遗产的认知和兴趣，也有助于培养年轻一代对传统文化的保护与传承的责任感，为文化遗产的可持续发展作出贡献。

设计非物质文化遗产旅游文创产品可以借鉴传统元素，结合创新与现代化设计方法，通过故事性设计、体验式设计、地域化设计、可持续设计以及与文化教育相结合等方法，既保留传统文化的独特性，又能使设计满足现代社会的需求。

第三节 | 非物质文化遗产旅游文创产品设计的实践案例

谈及非物质文化遗产，泉州拥有世界级和国家级的非物质文化遗产项目。例如，南音、木偶戏、泉州拍胸舞、泉州花灯等。这些项目都具有鲜明的地方特色，向世界传达泉州深厚的文化底蕴。泉州将继续努力保护、传承和弘扬这些非物质文化遗产，让它们在当代社会焕发出新的活力和魅力。

泉州作为具有丰富非物质文化遗产的城市，其非遗项目的保护和传承是当地重要的任务。在保护工作中，泉州采取了一系列措施，包括加强非遗项目的调查研究和文献整理，建立非遗项目档案和数据库，制定非遗项目的保护规划和措施并加强对非遗传承人的培养。此外，泉州还积极推动非遗项目的传统技艺传承、创新与发展，鼓励创意设计和文化产业融合，推动非遗项目的商业化运作和市场化推广，提升非遗项目的社会认知度和经济价值。

同时，泉州还注重非遗项目的社区参与和社会共享。通过组织展览、演出、培训等活动，让更多的人了解和体验非物质文化遗产，增强公众对非遗项目的关注和支持。积极与相关机构和社区合作，共同参与非遗保护和传承的工作，形成多方合力。通过社区参与和社会共享，非物质文化遗产将更好地融入当地居民的日常生活，并在社会中发挥积极的作用。

一、融入非遗元素的泉州文创

泉州作为一座具有悠久历史的古城，拥有丰富的非物质文化遗产。在保护和传承非遗项目的同时，将其融入文创产业是一种重要的实践。通过以美术角度为切入点，将非遗元素与文创产品的设计相结合，可以实现对非遗的保护、传承和发展，提高泉州的文化软实力和知名度。

将泉州的非遗项目作为元素融入文创设计中，可以通过各种形式的创作，包括绘画、手工艺品、纺织品、装饰品等，表现出泉州非物质文化遗产的独特魅力和传统艺术形式。例如，可以利用南音、木偶戏、泉州拍胸舞、泉州花灯等非遗项目的元素，设计出具有泉州特色的艺术品、礼品和纪念品，以满足游客和当地市民的消费需求。

第一，在文创产品设计过程中，应注重挖掘非遗元素的文化内涵和故事性。设计师通过深入研究非遗项目的历史背景、技艺传承和文化意义，可以将这些元素融入产品中，并通过故事性的呈现，将非物质文化遗产的故事和价值传递给用户，增强产品的吸引力和用户认同感。

第二，文创产品设计还应注重设计的创新性和多样性。泉州的非遗项目具有丰富多样的元素和表现形式，设计师可以运用创新的设计手法和材料，将传统的非遗元素与现代审美和功能需求相结合，创造出独特而具有现代感的文创产品。同时，可以通过系列化设计，打造一系列具有泉州特色的文创产品，丰富消费者的选择，提升产品的市场竞争力。

第三，在文创产品的设计过程中，应注重品质和工艺的高水平。选择优质的材料和精湛的工艺，使产品具有较高的观赏性、实用性和耐久性。设计师还应注重产品的可持续性和环保性，选择环保的材料和生产工艺，减少对环境的负面影响。同时，泉州文创产品设计需要注重市场导向和用户体验。设计师应对目标市场和用户群体的需求进行充分研究，了解他们的喜好、偏好和消费习惯，以确保产品的市场适应性和竞争力。通过市场调研和用户反馈，设计师可以进行产品定位和定价策略，使文创产品能满足消费者的需求，并具备良好的市场前景。

第四，在泉州文创产品的设计中，还应注重合作与创新。可以与当地的非遗传承人、工艺师和艺术家合作，借助他们的专业知识和技艺，开展联合设计和创作，实现非遗项目与文创产品的有机结合。通过合作，可以充分发挥各方的专长，打造更具创意和独特性的文创产品。此外，设计师还应注重宣传和推广。通过有效的营销手段和销售渠道，将泉州文创产品推向市场，提高产品的知名度和影响力。通过展览、展销会、电商平台等方式进行宣传和销售，吸引更多的消费者关注和购买。同时，可以借助社交媒体和在线平台，开展精准的营销活动，提升产品的曝光度和市场份额。

第五，泉州文创产品设计需要注重可持续发展和传承。设计师应积极参与非物质文化遗产的保护和传承工作，支持相关机构和组织的活动和项目。可以通过培训和教育活动，传授非遗技艺和知识，培养新一代的传承人和艺术家。同时，还可以与当地社区和旅游机构合作，打造非遗体验项目和旅游线路，让更多的人参与非遗传承和保护。

总之，将非物质文化遗产元素融入泉州的文创产品设计中，可以实现对非遗的保护、传承和弘扬，提高泉州的文化软实力和知名度。设计师需要注重设计的创新性、多样性、高品质和好的用户体验，同时注重市场导向、合作与创新、宣传推广以及可持续发展和传承，打造具有泉州特色的优秀文创产品，为泉州的文化创意产业注入新的活力和发展动力。

二、泉州非遗传承及文创设计的现代化转型

泉州作为一座具有丰富非物质文化遗产的古城，面临着如何将这些传统文化元素融入现代社会并得到传承的挑战。在非遗传承与发展的过程中，文创设计发挥着重要的作用。通过创造性地将非遗元素与现代设计结合，可以让非遗项目焕发新的生命力，并为泉州打造独特的文化品牌。

（一）非遗元素与功能性产品结合

设计师可以将泉州非遗元素应用于实用性产品的设计中，满足现代人的日常需求。例如，将木偶戏元素融入手工艺品、家居用品或装饰品中，既保留了传统元素的特色，又增加了产品的实用性和市场吸引力。

（二）创新技术与传统工艺结合

设计师可以利用现代科技和创新技术与传统工艺相结合，开发具有创新性和现代感的文创产品。例如，将 3D 打印技术和传统的漆器工艺相结合，设计出独特的漆器产品，既保留了传统的精湛工艺，又展现了现代技术的魅力。

（三）文化故事与设计表达结合

设计师通过将泉州的历史、文化和非遗故事融入设计中，赋予文创产品更多的文化

内涵和情感共鸣。设计师可以通过图案、图像、文字等元素，讲述非遗故事，唤起人们对泉州文化的兴趣和认同。

（四）跨界合作与品牌推广

设计师可以与其他行业的品牌和机构进行合作，将泉州非遗元素融入他们的产品中，拓展非遗的市场和受众群体。例如，与当地的手工艺品制造商合作，将泉州的非遗元素应用于他们的产品中，并共同推广宣传，提高产品的知名度和市场竞争力。

（五）传承人培养与非遗教育

当地应重视非遗传承人的培养和非遗教育，确保传统技艺的传承和发展。通过开设非遗培训班或工作坊，传授非遗技艺和知识，培养新一代的传承人和艺术家，使泉州非遗文化得到有效传承和发展。

（六）基于社区参与的设计

当地应鼓励社区居民参与非遗文化的传承和创新，通过与社区合作，开展非遗文化活动、展览和工作坊，激发居民对非遗的兴趣，提高参与度。同时，设计师可以倾听社区居民的意见和反馈，以其需求为基础进行文创产品设计，使产品更贴近社区文化和居民生活。

（七）线上线下结合的销售与推广

借助互联网和电子商务平台，将泉州的非遗文创产品推广到全国，甚至全球市场。建立在线销售渠道，通过电商平台、社交媒体等进行产品展示、宣传和销售。同时，还可以在泉州的旅游景区、文化街区等地开设实体店铺，提供体验式购物和文化交流场所。

（八）非遗与旅游融合

将泉州的非遗元素融入旅游体验中，打造非遗旅游产品。设计师可以开发非遗主题的旅游线路、活动和体验项目，使游客在旅游过程中亲身参与、体验非遗文化，增强对泉州文化的认同和情感连接。

（九）社会传媒的运用

利用社交媒体平台和数字营销手段，将泉州的非遗文创产品推广给更多的目标受众。通过精心策划的内容营销、品牌故事讲述、在线活动和互动等方式，吸引用户去关注和参与，提升品牌知名度和影响力。

总之，通过综合运用以上方法，将非遗元素融入泉州的文创产品设计中，不仅能够传承和保护非物质文化遗产，还能创造出具有现代感、市场竞争力和文化内涵的产品。这将促进泉州文化的传播与发展，提升城市形象和吸引力，同时为泉州的经济发展和文化产业注入新的动力。

三、发展泉州非遗文创的主要原则

谈及文创设计，自然不能忽视其地域性、互动性、美学化、情感化四个原则。关于将泉州非物质文化遗产作为元素融入文创周边的创造，可由此着手。

（一）地域性

在发展泉州非遗文创产品时，地域性是一个重要的原则。通过突出泉州的地域特点和文化元素，可以创造出与众不同、富有辨识度的文创产品，让人们在接触这些产品时能够立刻联想到泉州这座古城。

首先，要提取并运用泉州非遗项目的元素，如南音、泉州拍胸舞、泉州花灯（图 2–1）、剪纸等都是泉州非遗的代表性项目，可以将它们作为设计的创作素材。设计师可以细致观察和深入了解这些非遗项目的特点、形式和意义，巧妙地将其元素融入文创产品中，体现泉州的独特性地域文化。

图 2–1　泉州元宵节花灯

其次，要将文创设计与泉州这座古城联系起来。泉州作为一个历史悠久的城市，拥有丰富的历史文化和建筑遗产。设计师可以将泉州的古建筑、城市景观、传统街巷等元素与非遗项目进行有机结合，打造富有泉州特色的文创产品。例如，设计一个以泉州古建筑为主题的手绘明信片，或者以泉州城市图案为基础，设计一款独特的手机壳，这些产品都能够突出泉州的地域性特色。

再次，要注重地方风俗和民俗活动的体现。泉州有许多具有地方特色的风俗和民俗活动，如元宵节的花灯展览、婚礼的婚俗习惯等。设计师可以通过提取和运用这些地方风俗和民俗的元素，设计出符合泉州特色的文创产品。例如，设计一个以泉州婚礼习俗为主题的婚庆用品，或者设计一个以元宵节花灯为形象的饰品，这些产品都能够体现泉州的地域性特色和其民俗文化特点。

最后，要充分利用泉州的方言和语言特色。泉州方言是泉州地域文化的重要组成部分，它具有独特的音韵和词汇。设计师可以将泉州方言中的特色词汇、习语和口头禅等运用到文创产品的命名、标语或图案中，以突出泉州的地域性语言特色。例如，设计一款以泉州方言中常用的口头禅为主题的 T 恤，或者设计一个以泉州方言中特色词汇为名的手工艺品，这些产品能够增添泉州地域文化的独特魅力。

（二）互动性

互动性指的是产品与消费者之间建立起的互动关系，使消费者能够参与其中、与产品进行互动，从而获得更丰富、更有趣的体验。

在泉州非遗文创产品的设计中，互动性可以通过多种方式实现。

第一，运用先进的技术手段，如增强现实（AR）、虚拟现实（VR）等技术，将非遗元素与现代科技相结合，创造出具有互动性的产品。例如，设计一款 AR 应用程序，用户可以通过手机或平板电脑扫描产品上的特定图案，使非遗元素在屏幕上以虚拟的形式展现，观众可以与之互动交流。这种互动方式既能增加用户对非遗文化的了解，又能激发他们的兴趣和参与度。

第二，设计本身具有互动性的文创产品。例如，设计一个具有非遗元素的盲盒系列，每个盲盒内含有不同的非遗元素小物件，消费者在购买时无法预知具体内容，须亲自打开盒子才能揭晓。这种设计方式增加了消费者的期待值和惊喜感，让他们参与产品的探索和发现过程，提升产品的趣味性和互动性。

第三，可以结合非遗元素的特点，设计一些互动式的体验活动。例如，组织非遗工艺品制作的体验课程，让消费者亲自动手参与其中，学习非遗技艺，感受制作的乐趣和成就感。或者设计一款非遗主题的拼图游戏，让消费者通过拼图的过程了解非遗元素的故事和意义。这样的互动体验活动不仅能够吸引消费者的兴趣，还能够加深他们对非遗文化的理解和认同。

在推广和销售方面，可以通过线上线下相结合的方式，利用社交媒体平台、展览展销会、非遗体验馆等渠道，与消费者进行互动和交流。通过与消费者互动，了解他们的需求和反馈，不断改进产品的设计和服务，提升消费者满意度和忠诚度。

总之，互动性是发展泉州非遗文创产品的重要原则。运用先进的技术手段、设计具有互动性的产品以及组织互动体验活动，可以激发消费者的兴趣和参与度，提升产品的趣味性和吸引力。

（三）美学化

美学化指的是将非遗项目进行美学转化，与当代艺术相融合，进行再创造和再发展，以符合当代大众审美，提高文创设计的吸引力和国民接受度。

传统非遗项目往往具有深厚的历史积淀和审美价值，但在当代社会中可能被人们所忽视。因此，如何将非遗项目进行美学化处理，将其与当代艺术、流行文化相结合，打造具有现代感和时尚感的文创产品，是非遗保护与传承的重要路径。

以泉州非遗项目中的“泉州拍胸舞”为例，它是具有特殊历史文化价值的闽南民间舞蹈，其舞风古朴、粗犷，但也因此难以吸引现代消费者的兴趣。要实现美学化，可以通过以下方式进行转型。

1. 探索多元表现形式

将泉州拍胸舞的元素与当代流行文化相结合，如将其与音乐、时尚、舞台艺术等进行跨界融合，创造出多元化的表现形式。例如，在泉州拍胸舞的表演中加入现代音乐元素，将传统舞蹈动作与流行音乐编排相结合，打造时尚动感的舞蹈表演。

2. 引入创新的舞美设计

注重舞台布景、服装造型等方面的创新设计，通过现代的舞美手法，营造出令人惊艳的视觉效果。例如，运用现代舞台技术，设计独特的灯光效果和舞台装置，将泉州拍胸舞的表演场景打造成视觉盛宴，吸引更多观众的目光。

3. 结合当代艺术元素

将泉州拍胸舞与当代艺术形式相结合，例如，将舞蹈动作拍摄成视频艺术作品，以艺术化的手法展示非遗元素的美感和独特之处。这种形式可以通过网络平台进行传播，吸引更多年轻人的关注和参与。

4. 运用流行文化符号

结合当代流行文化的符号和元素，设计与泉州拍胸舞相关的时尚文创产品。例如，将泉州拍胸舞的图案和元素应用在服装、配饰、家居用品等产品中，打造出具有时尚感和个性化的文创产品。这样的产品可以更好地吸引年轻消费者的关注，让他们在日常生活中接触到泉州拍胸舞的文化符号，增加对这种非遗文化的认知和理解。

5. 强调故事性和情感共鸣

在文创产品的设计中注重故事性和情感共鸣，通过讲述泉州拍胸舞的历史、传承故事以及与之相关的人物和事件，引发观众的共鸣和情感连接。这可以通过产品的包装、标识、说明书等方式呈现，使消费者在使用产品的同时，也能够感受其中的文化内涵和情感价值。

在实施美学化的过程中，需要设计师与非遗传承人、相关机构和社群进行密切合作，充分了解非遗项目的历史、特点和传承精神，以确保对非遗的尊重和保护。另外，还需要对目标消费群体进行深入研究，了解他们的审美偏好和文化需求，以便更好地创造出符合他们品位的文创产品。

通过美学化的设计转型，将泉州非遗项目与当代艺术和流行文化相结合，可以使非遗文化更贴近现代生活，赋予其新的时尚魅力和年轻化形象。这不仅有助于吸引更多人对非遗文化的关注和认同，还能够推动泉州非遗的传承与发展，提升泉州作为文化城市的知名度和影响力。

美学化是发展泉州非遗文创产品的重要原则之一。通过将非遗元素与当代艺术、流行文化相融合，设计出时尚、个性化的文创产品，可以吸引更多年轻人的关注和参与，推动非遗的传承和发展，同时提升泉州的文化软实力和城市形象。

（四）情感化

根据认知心理学家唐纳德·诺曼（Donald Arthur Norman）的观点，产品不仅要具备良好的功能性和易用性，更重要的是能够让人感到愉悦。在文创产品设计中，情感化的原则强调产品的情感触发和情感共鸣，通过打造有温度、有故事性的作品，为消费者提供愉悦的体验。

1. 注重情感触发

文创产品设计应该能够触发消费者的情感反应，激发他们的情感共鸣和价值认同。通过独特的设计元素、色彩搭配、图案表达等方式，传递泉州非遗项目所蕴含的情感和精神内涵。例如，在设计以泉州拍胸舞为主题的文创产品时，可以运用舞蹈动作的流线形状和鲜明的色彩以及与舞蹈相关的图案和元素，营造出活力四射、充满动感的情感氛围。

2. 丰富文化内涵

文创产品应该注重传递非遗项目的文化内涵和历史背景。设计师通过深入了解泉州非遗项目的故事和传承历程，可以将其中的元素、符号、图案等融入产品设计中，使产品具有更深层次的文化内涵。例如，在设计以泉州彩灯为主题的文创产品时，可以运用传统的灯谜、祝福语和泉州的方言特点等，赋予产品更多的文化符号，让消费者在使用产品时能够感受到浓厚的文化氛围。

3. 强调故事性

文创产品设计应该具备叙事性，即能够讲述泉州非遗项目背后的故事，引发消费者的想象和共鸣。通过产品的包装、标识、说明书等内容，设计师可以以故事的形式介绍非遗项目的起源、传承人的故事、文化传承的意义等，让消费者与非遗项目建立起情感联系。例如，在设计以泉州南音为主题的文创产品时，可以通过音符的排列和歌词的呈现，讲述南音的历史渊源和传承故事，让消费者在欣赏产品的同时，能够感受到南音的独特韵味和情感价值。

4. 打造独特艺术价值

情感化的文创产品应该具备独特的艺术价值，通过创造性的设计和艺术表达，使产品脱颖而出。设计师可以运用艺术手法和美学原理，将泉州非遗元素与现代艺术相结合，打造出具有艺术感和观赏性的文创作品。例如，在设计以泉州木偶戏为主题的文创产品时，可以注重对木偶的造型美感和表演姿态的艺术表达，通过对线条、比例和色彩的运用，打造独特的艺术形象，让消费者既能欣赏木偶戏的精湛技艺，又能感受艺术带来的赏心悦目。

发展泉州非遗文创的主要原则之一是情感化。通过情感触发、丰富文化内涵、强调故事性以及打造独特艺术价值，文创产品可以与消费者建立情感联系，激发他们的情感共鸣和价值认同。这种情感化的设计方法能够提升文创产品的吸引力和影响力，加强人们对泉州非遗的认知和理解，同时提升文创设计的国民接受度和市场竞争力。通过情感化的文创产品设计，泉州非遗可以融入现代生活，得到更广泛的传播和推广，实现非遗传承与当代文化的有机结合。

第三章

非物质文化遗产旅游文创产品开发流程

第一节 | 非物质文化遗产旅游文创产品开发流程的概念和特点

非物质文化遗产旅游文创产品开发流程是指在开发和设计非物质文化遗产相关的文化创意产品时所遵循的一系列步骤和方法。

一、非物质文化遗产旅游文创产品开发的概念

非物质文化遗产旅游文创产品开发涉及以下五个概念。

（一）文化融合

将非物质文化遗产与旅游体验相融合，创造独特的文化价值和旅游吸引力。

（二）创意设计

通过创意设计，将传统元素与现代审美相结合，创造出引人入胜的产品概念。

（三）故事叙述

通过精彩的故事叙述，将非物质文化遗产的历史、传统和意义传递给游客，激发他们的兴趣和情感。

（四）品牌建设

构建独特的品牌形象，突出产品的文化特色和独特价值。

（五）市场推广

制定多样化的推广策略，吸引游客关注，提高产品的知名度和销量。

这些概念在非物质文化遗产旅游文创产品开发中起到重要作用，有助于创造独特的文化价值，促进文化传承，同时满足游客的多方面需求。

二、非物质文化遗产旅游文创产品开发流程的特点

（一）综合性

非物质文化遗产旅游文创产品开发流程的一大特点是综合性。这意味着在产品开发的过程中，需要综合考虑非物质文化遗产的各个方面，以全面展示其特点和价值。这个综合性的内容涵盖了对非物质文化遗产的历史背景、传统技艺、文化内涵等方面的研究和理解。

首先，了解非物质文化遗产的历史背景是至关重要的。这包括对非物质文化遗产的起源、发展过程和相关历史事件的研究。通过深入了解其历史背景，可以更好地把握非物质文化遗产的特点和演变过程。

其次，传统技艺是非物质文化遗产的重要组成部分。它们是世代传承的独特技能和技巧，代表了地方文化的精髓。在开发流程中，要对非物质文化遗产的传统技艺进行深入研究，了解其制作工艺、材料选择、装饰风格等方面的特点，以保持对传统工艺的尊重和传承。

最后，文化内涵是非物质文化遗产的核心价值所在。包括非物质文化遗产所传递的价值观、信仰体系、故事传说等，是其独特的精神内核。在产品开发流程中，需要深入挖掘非物质文化遗产的文化内涵，将其转化为具体的设计元素和故事情节，以提升产品的内在价值和外在表达。

综合性的开发流程要求在产品设计、原型制作和生产推广等环节中充分考虑上述因素。设计师需要结合非物质文化遗产的历史背景、传统技艺和文化内涵，运用创新的思维和现代的设计手法，创造出具有独特魅力和文化内涵的文创产品。另外，生产推广阶段也要充分展示非物质文化遗产的多方面特征，通过合适的宣传和推广渠道，向公众传递非物质文化遗产的价值和意义。

综合性的概念确保了非物质文化遗产旅游文创产品开发流程的全面性和多维度性，使产品能够充分展示非物质文化遗产的特点和魅力。

（二）创新性

创新性是开发流程中至关重要的因素，它旨在在传承的基础上注入新的元素和活力，使产品更具吸引力、竞争力和市场潜力。设计师应不断挖掘非物质文化遗产的独特魅力和潜力，以创新的方式将其与现代社会和旅游市场相结合。

首先，创新性的开发流程要求设计师对非物质文化遗产进行深入研究和理解，找到其中蕴含的创意潜力和价值。这可能涉及对非物质文化遗产的历史背景、传统技艺、文化内涵等方面的探索，以发现新的视角和创作的可能性。

其次，创新性的开发流程鼓励设计师融入创意，以赋予产品独特的表现形式和创新的设计元素。这可以通过运用新颖的材料、技术等来实现，使产品在外观、功能和体验上与众不同。

再次，现代元素的引入也是创新性开发流程的重要内容。这可以包括运用现代设计理念和风格，融合时尚、科技、艺术等元素，使产品具有现代感和时代气息。通过与当代社会和消费者的需求相结合，使产品更好地适应市场，吸引更广泛的受众。

最后，创新性的开发流程还强调不断追求创新和改进。设计师应保持开放性思维，不断探索新的创意和设计方向。通过不断地试验和反思，让产品不断演进和提升，保持与时俱进的竞争力。

总之，创新性是非物质文化遗产旅游文创产品开发流程中的重要特点之一。通过注入创意和引入现代元素，产品能够焕发新的生命力，更好地适应市场需求，实现非物质文化遗产的传承和发展。

（三）可持续性

非物质文化遗产旅游文创产品开发流程的特点之一是可持续性。在这个流程中，可持续性地保护和传承非物质文化遗产是至关重要的考虑因素，旨在确保产品在市场上的长期存在和影响力，同时保护和传承非物质文化遗产的价值和精髓。

首先，可持续性的开发流程要求设计师关注对非物质文化遗产的保护。这意味着要考虑产品对非物质文化遗产的影响，避免对其造成破坏及其他负面影响。设计师应该尊重非物质文化遗产的传统工艺和技术，选择环保材料和方法，以最大程度地保护非物质文化遗产的完整性和原始性。

其次，可持续性的开发流程要求设计师注重对非物质文化遗产的传承。设计师需要研究和理解非物质文化遗产的历史背景、文化内涵和传统技艺，以确保产品能够准确地传达非物质文化遗产的精神和特点。这可能涉及与非物质文化遗产相关的专家、传承人和社区进行合作，以确保传统技艺的传承和可持续发展。

再次，可持续性的开发流程要求设计师考虑产品的市场可行性和商业化运作。虽然非物质文化遗产的保护和传承是首要目标，但产品必须符合市场需求并具备商业价值，以确保长期的可持续发展。这可能涉及市场调研、产品定位和定价策略的制定，以及与相关机构等的合作，实现产品的推广和销售。

最后，可持续性的开发流程还强调不断地监测和评估。设计师需要跟踪产品的市场反馈和用户反馈，了解产品的市场表现和改进空间。通过不断反馈和改进，产品才能够适应市场变化和用户需求的变化，保持竞争力和可持续发展。

总之，可持续性是非物质文化遗产旅游文创产品开发流程中的重要特点之一。通过注重对非物质文化遗产的保护和传承、市场可行性和商业化运作以及不断地监测和评估，产品才能够在市场上长期存在并持续发展，同时保护和传承非物质文化遗产的价值和精髓。可持续性的开发流程也体现了对社会、环境和经济可持续发展的关注。

第二节 | 非物质文化遗产旅游文创产品开发流程的步骤和方法

一、非物质文化遗产旅游文创产品开发流程的步骤

（一）调研和分析

在流程的初期阶段，对非物质文化遗产进行深入调研和全面分析是至关重要的。这一步骤为后续的设计和开发提供了必要的基础，有助于更好地理解和把握非遗项目的历史、特点、传承现状以及与目标市场的关联。调研和分析阶段的主要内容包括以下四个方面。

1. 历史背景研究

对非物质文化遗产的历史渊源、演变过程以及相关文化背景进行研究。了解非遗项目的起源、发展和演变，掌握其独特的历史背景和价值。

2. 特点和特色分析

对非遗项目的特点、技艺、表现形式等进行详细分析。了解非遗项目的独特之处，包括技艺特色、文化内涵、艺术形式等，从中提取出可以用于文创产品设计的核心元素。

3. 传承现状评估

评估非物质文化遗产的传承现状和面临的挑战。了解非遗项目的传承人、传承机构、传承方式等情况，掌握其传承现状和面临的困境，为后续的设计和开发提供参考。

4. 市场需求分析

对目标市场的需求和趋势进行调研和分析。了解目标消费者的兴趣爱好、消费习惯以及对非遗文化的认知和需求，为设计和开发具有市场竞争力的文创产品提供指导。

通过调研和分析，可以深入了解非物质文化遗产的内涵和价值，把握市场需求和趋势，为文创产品的设计和开发提供清晰的方向和策略。这一阶段的工作对于后续的创意设计和推广等环节具有重要的指导作用，可以确保开发的文创产品与非遗项目的核心价值和特点相契合，具有较高的市场接受度和商业价值。同时，调研和分析也是对非遗传承工作的支持和促进，为非遗项目的保护和传承作出贡献。

（二）创意设计

在调研和分析阶段的基础上，设计团队将根据调研结果和目标市场需求展开创意设

计工作，旨在将非物质文化遗产的元素与创新元素融合，创造出独特、有吸引力的文化创意产品。创意设计的主要内容包括以下五个方面。

1. 创意生成

在团队中开展创意生成的活动，激发成员们的创造力和想象力。通过头脑风暴、灵感互动等方法，提出多样化的创意方案，以充分挖掘非遗项目的潜力和创新空间。

2. 概念设计

将创意方案转化为具体的概念设计。根据创意方案的核心思想和目标市场的需求，进行产品定位、设计构思和形式规划等工作，形成初步的产品概念。

3. 原型制作

基于概念设计，制作初步的产品原型或样品。通过实际制作，将概念设计转化为具体的物质形态，以便更好地展示产品的外观、功能和体验效果。

4. 设计优化

在原型制作的基础上，进行设计的优化和完善。团队成员对原型进行评估和反馈，对产品的外观、功能、材料选择等进行调整和改进，以提高产品的质量和市场竞争力。

5. 可行性评估

对设计方案进行可行性评估，考虑生产成本、技术可行性、市场接受度等因素，确保设计方案的实施可行且具有商业价值。

创意设计是整个开发流程中的关键环节，旨在通过创新的设计和创意的融入，将非物质文化遗产与现代社会和市场需求相结合。在设计过程中，注重保留和展现非遗项目的核心精神和文化价值，同时注入新颖、独特的创新元素，以吸引和打动目标消费者。创意设计的成功将直接影响最终产品的市场表现和商业价值。因此，在设计过程中，团队成员应保持创新思维、艺术感知和市场敏感度，以确保设计成功实现。

（三）原型制作和测试

在创意设计阶段确定了初步的产品概念后，团队将着手制作产品的原型，并进行内部测试和用户反馈收集，以验证产品的实际效果和用户体验。

原型制作是将概念设计转化为具体物质形态的过程。通过使用适当的工具和材料，制作出近似最终产品的样品或模型。原型制作可以帮助团队更好地理解和评估产品的外观、功能和结构，也可以帮助设计师预估在实际制作中可能遇到的问题。

内部测试是指团队成员对产品原型进行详细的测试和评估。通过模拟真实的使用场景和操作流程，团队成员可以发现潜在的问题和改进的空间。他们可以评估产品的功能性、实用性、易用性等内容，提出宝贵的意见和建议。

用户反馈收集是通过与实际用户进行交互，获取他们对产品的反馈意见，如体验和需求等。这可以通过组织焦点小组讨论、用户调研问卷、用户测试等方式来实现。用户的反馈可以提供关于产品设计的宝贵信息，帮助团队了解用户需求、发现潜在问题，并做出相应的改进和优化。

通过原型制作和测试，团队可以逐步完善产品设计，解决问题，并验证产品的市场可行性和用户接受度。根据内部测试和用户反馈，团队可以进行必要的调整和改进，以优化产品的外观、功能和用户体验。这个过程是一个反复迭代的过程，直到达到满意的结果为止。

原型制作和测试的重要性在于，它能够在产品投入大量生产资源和成本之前，及早发现和解决问题，减少后期调整和修改的风险和成本。通过原型和用户反馈，团队可以更准确地了解产品的实际表现，使设计更加符合市场需求和用户期望。同时，原型制作和测试也有助于团队成员之间的沟通和协作，促进团队的创新和改进能力的提升，提高产品的质量和市场竞争力。

（四）生产和推广

在完成原型测试后，进行产品的批量生产，并通过适当的渠道进行推广和销售，将产品引入市场并吸引目标用户。

生产阶段需要选择合适的生产工厂和供应商，确保生产过程中的品质控制和交货期的履约。团队需要与供应商紧密合作，对产品的材料选择、加工工艺和成品质量进行严格把控。同时，还需要关注环境保护和可持续性发展，选择符合相关标准和要求的生产方式。

在产品生产完成后，团队将进行产品的推广和销售。推广是将产品引入市场并吸引目标用户的关键环节。团队需要制订有效的市场推广策略，包括制订营销计划、选择合适的宣传渠道、开展市场推广活动等，以提高产品的知名度和曝光度。

通过广告、宣传资料、社交媒体等传播方式，团队将产品的特点、价值和文化内涵传达给目标用户，以激发他们对产品的兴趣和购买欲望。此外，团队还可以与旅游机构、文化机构、线上线下零售渠道等开展合作，将产品引入相关的旅游场景和销售渠道，扩大产品的销售触达范围。

推广活动的成功与否需要进行有效的市场监测和反馈收集。团队可以借助市场调研、用户反馈、销售数据等手段，了解产品在市场中的表现和用户的反应以及市场竞品的情况。根据这些信息，团队可以及时调整推广策略，优化产品定位和营销手段，以提升产品的市场占有率和竞争力。

生产和推广是产品开发流程中的最后一环，也是将产品真正引入市场并取得商业成功的关键步骤。通过精心的生产管理和有效的市场推广，团队可以确保产品的稳定供应和市场认可，实现非物质文化遗产的保护和传承，推动旅游文化产业的发展和进步。

（五）监测和反馈

产品上市后，持续监测市场反馈和用户评价，根据反馈进行调整和改进，以保持产品的竞争力和市场影响力。

监测市场反馈是通过市场调研、销售数据分析、竞争对手分析等手段，对产品在市场中的销售情况、市场占有率、竞争态势等进行全面的监测和分析。通过这些数据，团队可以了解产品的市场表现，包括销售量、销售渠道、销售地区分布等信息，从而判断产品的市场接受度和竞争力。同时，团队还需要关注用户的反馈和评价。这可以通过用户调研、用户体验反馈、在线评价等方式进行收集。团队需要认真倾听用户的意见和建议，了解他们对产品的喜好、需求和改进意见。这些反馈可以帮助团队发现产品的优点和不足之处，及时调整和改进产品，以提升用户满意度和市场竞争力。

根据市场反馈和用户评价，团队可以对产品进行调整和改进。这可能涉及产品功能的优化、外观设计的改进、用户体验的提升等方面。团队需要根据市场需求和用户反馈，进行有针对性的改进和创新，以确保产品能够不断适应市场的变化和用户的需求。

监测和反馈是一个持续的过程，团队需要建立健全的监测机制和反馈渠道，及时收集和分析市场和用户的反馈信息。通过不断调整和改进，团队可以保持产品的竞争力和市场影响力，以实现持续的市场成功和较高商业价值。这不仅有助于产品的长期存在和发展，也为非物质文化遗产的保护和传承提供了有力的支持。

二、非物质文化遗产旅游文创产品开发流程的方法

（一）非物质文化遗产旅游文化资源的收集与整理

非物质文化遗产旅游文化资源的收集与整理是非物质文化遗产保护和传承的重要环节，也是非物质文化遗产旅游文创产品开发流程的重要方法。下面从文化资源的分析、文化资源的收集和文化资源的整理三个方面进行详细阐述。

1. 文化资源的分析

在收集和整理非物质文化遗产旅游文化资源之前，需要深入分析所涉及的非物质文化遗产。这包括对非物质文化遗产的历史、传承现状、特点和价值进行研究和评估。通过分析，可以确定非物质文化遗产的核心元素、关键特征以及与之相关的文化背景和故事。这有助于为后续的文化资源收集和整理工作提供指导和方向，也为文创产品的开发提供借鉴和灵感来源。

在进行文化资源分析时，首先需要对非物质文化遗产的历史进行研究。这包括了解其起源、发展过程和演变历程，以及与其相关的历史事件、人物和文化背景。通过对历

史的深入了解，可以揭示非物质文化遗产的根源和演变轨迹，为后续的收集工作提供历史背景的参考。

其次，分析非物质文化遗产的传承现状是至关重要的。了解非物质文化遗产在当地和社区中的传承情况，包括传承人的数量、年龄分布、传承方式和所面临的挑战等方面。可以帮助人们识别非物质文化遗产的传承缺口和问题，并为采取相应的保护和传承措施提供依据。

最后，还需分析非物质文化遗产的特点和价值。通过深入研究非物质文化遗产的艺术形式、技艺特点、文化内涵和社会意义，可以准确把握其核心元素和关键特征。这有助于确定文化资源收集和整理的重点内容，以展示非物质文化遗产的独特魅力和价值。

在文化资源分析的过程中，可以借助历史文献、研究报告、专家学者的意见和口述历史等多种信息来源。同时，与当地社区、传承人和相关机构进行合作交流，获取更深层的数据支持。

通过综合分析非物质文化遗产的历史、传承现状、特点和价值，可以形成对文化资源的全面认知和理解。这为后续的收集和整理工作提供了基础，确保收集到的文化资源具有代表性和丰富性，并能够有效地展示非物质文化遗产的独特魅力和丰富内涵。

2. 文化资源的收集

在分析的基础上，进行非物质文化遗产旅游文化资源的收集工作。这包括通过多种途径收集相关的文化材料和信息，如图书、文献、影像资料、口述历史等。可以利用图书馆、档案馆、博物馆等机构的资源，进行实地调研和采访，与相关的传承人、艺术家和专家学者等进行交流。同时，也可以借助现代科技手段，如互联网和社交媒体，收集线上的文化资源和参考资料。但在收集过程中，要注意确保资料的真实性、准确性和权威性。

首先，可以通过图书馆、档案馆和博物馆等机构收集相关的图书、文献和影像资料。这些机构通常保存着大量与非物质文化遗产相关的书籍、研究报告、历史文献、录音录像资料等，是重要的信息源。通过研究这些文献资料，可以深入了解非物质文化遗产的历史、传承现状、艺术形式和文化内涵，为后续的整理工作提供参考和支持。

其次，实地调研和采访是收集文化资源的重要途径之一。可以与相关的传承人、艺术家、专家学者和社区居民进行面对面的交流和访谈，了解他们的经验、见解和传承故事等内容。通过直接的口述历史和亲身体验，可以获取真实而生动的非物质文化遗产相关信息，并深入了解其传承方式、技艺特点和社会意义。在采访过程中，要善于倾听和记录，确保信息的准确性和完整性。

最后，也可以用现代科技手段收集文化资源。互联网和社交媒体成了广泛传播和共享信息的平台，可以通过在线搜索、社交媒体平台、专业网站等途径获取相关的文化资源和参考资料。这种方式可以迅速获取大量的信息，了解最新的研究成果、创新案例和传承活动，同时也可以通过网络交流和合作，与其他研究者和爱好者共享资源和经验。

在进行非物质文化遗产文化资源收集时，需要注意确保资源的真实性、准确性和权威性。要对资源进行筛选和验证，评估其来源可靠性。同时，要尊重相关机构、个人的知识产权等权益，在合法的范围内使用和引用收集到的文化资源。

通过综合运用各种收集途径和方法，可以获取多样化、全面性和可靠性的非物质文化遗产资源，为后续的整理和利用提供丰富的素材和参考。

3. 文化资源的整理

收集到的非物质文化遗产文化资源需要整理和分类，以便更好地进行管理和利用。这包括对收集到的图书、影像资料、口述历史等进行整理和归档，建立数据库或档案系统。同时，对资源进行编目和标注，包括相关的元数据和文档描述，以便后续的利用和共享。此外，还可以通过绘制地图、制作展览、出版图书等方式，将文化资源进行展示和传播，提高其影响力。

（1）分类和归档

将收集到的非物质文化遗产文化资源按照不同的主题、地区、类型等进行分类，建立清晰的分类系统。可以利用数字化技术创建数据库或建立电子文档档案，以便于管理和检索。同时，为每个资源添加详细的元数据，包括标题、作者、关键词、描述等，以便后续查找和利用。

（2）文献整理和评估

对收集到的图书、文献资料进行整理和归纳，制作文献目录或参考书目，方便研究者和学习者查阅。同时，对文献资料进行评估和筛选，确保其质量和可靠性。可以注明文献的出处和引用方式，以便引用和引证。

（3）数字化处理

将收集到的非物质文化遗产文化资源进行数字化处理，包括扫描、录音、摄影等，以便保存和传播。可以利用数字媒体技术，将资源转化为数字格式，以提高其保存和共享的便捷性。同时，可以对数字化资源进行编辑和修复，改善其质量和可视化效果。

（4）地图和展览制作

将收集到的非物质文化遗产文化资源通过地图制作进行展示，展示其地理分布和文化特色。可以利用地图软件和地理信息系统，将资源与地理位置相结合，呈现出空间关联性和地域特色。此外，可以通过展览、展览册、展览板等方式，将文化资源进行整理和展示，向公众传递相关的文化信息和价值。

（5）出版和传播

将整理好的非物质文化遗产文化资源通过出版物、网络平台、社交媒体等方式进行传播。可以出版相关的图书、手册、刊物，介绍非物质文化遗产的历史、特点和传承现状。同时，可以利用网络平台和社交媒体，建立专门的网站或社群，分享文化资源和相关的研究成果。这样可以扩大资源的影响范围，提高非物质文化遗产的传播力度。

通过对非物质文化遗产旅游文化资源的整理和展示，让更多人了解和认识非物质文化遗产的独特价值，促进非物质文化遗产的保护和传承。同时，也为相关研究、教育和旅游活动提供了丰富的参考和资源支持。

（二）非物质文化遗产旅游文化元素的提炼与转化

非物质文化遗产旅游文化元素的提炼与转化是将丰富的文化资源转化为可应用于旅游文创产品的设计元素和内容的过程。这包括对收集到的文化资源进行提炼和挖掘，从中提取出具有代表性和独特性的元素，并将其转化为可呈现、可传达和可体验的形式，以满足旅游需求和市场需求。

1. 文化资源的提炼

在提炼阶段，设计师需要对收集到的文化资源进行深入的理解和分析。通过研究文化资源的背景、特点和内涵，识别其中的关键元素和核心价值。这可能涉及对历史文献、艺术作品、口述历史等多种形式的文化资源进行研究和解读。通过整合和筛选，提取其中的核心元素和故事，作为后续转化的基础。

2. 文化资源的转化

在转化阶段，设计师将提炼出的文化元素转化为适用于旅游文创产品的形式和内容。这可以通过多种方式实现，包括但不限于以下七个方面。

（1）设计符号和图案

将提炼出的文化元素转化为符号、图案或图形，作为产品的装饰和标识。这可以体现文化元素的象征意义和视觉吸引力，增加产品的辨识度和美感。

（2）故事和叙述

将提炼出的文化元素融入产品的故事和叙述中，以讲述非物质文化遗产的历史、传承和价值。通过故事叙述，可以使旅游者更深入地了解和体验非物质文化遗产。

（3）艺术创作和表演

利用提炼出的文化元素进行艺术创作和表演，如音乐、舞蹈、戏剧等形式。这可以通过音乐会、演出和展览等方式将非物质文化遗产呈现给游客，提供多维度的体验感和参与度。

（4）互动体验和工艺制作

利用提炼出的文化元素设计互动性强的体验项目，如工艺制作、手工艺品体验等，让游客可以参与其中，亲身体验和学习非物质文化遗产的技艺，增加互动性和参与感。

通过对非物质文化遗产旅游文化元素的提炼与转化，设计师可以将丰富的文化资源转化为各种形式的旅游文创产品，以满足不同游客的需求。

（5）商品设计与制作

将提炼出的文化元素应用于商品设计和制作，如将文化元素应用于服装、配饰、纪念品等产品的设计中，以创造独特的设计风格表现。通过合理的材质选择、工艺制作和设计构思，使产品既具有实用性，又能呈现非物质文化遗产的独特魅力。

（6）虚拟体验与数字化呈现

利用现代技术手段，将提炼出的文化元素转化为虚拟体验和数字化呈现。通过虚拟现实、增强现实、在线展览等方式，使游客可以在虚拟空间中亲临非物质文化遗产的场景，感受其独特之处。同时，通过对数字化平台的应用，将文化元素以多媒体形式传达给广大用户，提升非物质文化遗产的传播力和影响力。

（7）教育与培训项目

将提炼出的文化元素应用于教育与培训项目的设计，通过开展非物质文化遗产的培训课程、工作坊、讲座等活动，向游客传授相关的知识和技能。这不仅可以增加游客对非物质文化遗产的认知，还可以促进其参与性和体验感。

通过对非物质文化遗产文化资源的提炼和转化，设计师能够将非物质文化遗产融入旅游体验中，创造出丰富多样的文创产品，激发游客的兴趣和参与度，促进非物质文化遗产的保护和传承，这也为游客提供了独特和有意义的旅游体验，丰富了旅游目的地的文化内涵和吸引力。

第三节 | 非物质文化遗产旅游文创产品开发流程的实践案例

在现代社会，旅游文化产业已成为推动经济发展和文化传承的重要手段之一。非物质文化遗产作为传统文化的重要组成部分，具有独特的历史和价值，蕴含着丰富的创意和创新潜力。本实践案例旨在探讨如何有效地开发非物质文化遗产旅游文创产品，实现文化传承与经济发展的双重目标。

一、项目背景和目标

（一）背景介绍

随着全球化进程的加速和信息时代的到来，文化多样性的保护与传承变得尤为重要。旅游文化产业作为一种具有巨大潜力的文化传播方式，为非物质文化遗产的保护和传承提供了新的契机。然而，如何将非物质文化遗产融入旅游文创产品中，实现文化的传播和经济的繁荣，成为一个有待解决的问题。

（二）项目目标

本项目旨在开发以非物质文化遗产为核心的旅游文创产品，通过创意设计和文化融合，为传统文化赋予现代审美，从而打造具有吸引力和市场竞争力的产品。项目的主要目标包括以下四个方面。

①保护和传承非物质文化遗产，弘扬优秀传统文化。

②促进地方经济发展，提升地区的知名度和影响力。

③提升文化自信，增强人们对本土文化的认同感。

④吸引游客，为他们提供独特的文化体验和旅游产品。

二、前期调研与资源准备

（一）文化调研

在项目启动阶段，团队深入研究所选非物质文化遗产的历史渊源、文化内涵以及相关的传承情况。通过与当地传承人、专家学者和相关机构的交流，收集了大量的文化历史和口述资料，为后续的产品设计提供了有力的支持。

（二）传统工艺分析

团队对所选非物质文化遗产涉及的传统工艺进行了深入分析。从原材料选取到工艺流程，从工具使用到技艺要领，团队详细地梳理了整个制作过程，为产品的创意设计和生产提供了技术基础。

在传统工艺分析的基础上，团队积极与传承人合作，组织技艺传承和培训活动。通过实际操作教学和面对面的传授，确保传统技艺得以传承和延续，为产品制作打下坚实的基础。

三、创意设计与产品开发

（一）创意概念

基于前期的调研和工艺分析，团队展开头脑风暴，提出了多个创意概念。这些概念不仅将传统元素融入设计中，还与现代审美相结合，形成独特而有吸引力的产品创意。

（二）设计理念确定

在创意概念的基础上，团队深入思考产品的设计理念和核心要素。经过多轮讨论和反复推敲，明确了产品所要传达的文化内涵，以及如何通过设计语言进行表达。

为了使产品更具创新性和吸引力，团队在设计中巧妙地引入了创新元素。例如，将传统图案运用到现代服饰中，赋予了产品独特的时尚魅力；在旅游路线规划中融入非物质文化遗产的故事，为游客呈现出更丰富的文化体验。

四、产品制作与生产

（一）原材料采购

根据产品的设计方案，团队仔细选择了符合环保要求的原材料。通过与供应商合作，确保原材料的质量稳定性，为产品的制作奠定了品质基础。

（二）传统工艺复兴

在产品的制作过程中，团队充分尊重和继承传统工艺。传承人的参与和指导确保了对制作工艺的准确传承，保持了产品的传统风格和特点。

（三）技艺传承与培训

为了保障传统技艺的传承，团队与传承人开展了系统的技艺传授和培训活动。通过实际操作示范，传授工艺的要领和技巧，培养一批新的技艺传承人。

五、推广与营销

（一）市场调研

在产品制作完成后，团队进行了广泛的市场调研，深入了解目标客群的需求和喜好，同时分析了市场竞争情况。这为后续的产品推广和营销活动提供了重要的信息基础。

（二）传统文化体验推广

基于市场调研结果，团队制订了一系列传统文化体验推广活动计划。这些活动包括工艺展示、传统技艺体验、文化讲座等，以吸引游客亲身参与，增强他们对产品和相关文化的兴趣。

（三）社交媒体宣传

为了扩大产品的知名度和影响力，团队积极利用社交媒体平台开展宣传推广。通过精心设计的宣传内容，如短视频、图片展示、故事分享等，吸引大量的粉丝线上关注和互动。

（四）合作拓展

团队与当地旅游机构、景区管理部门、文化传媒机构等建立合作关系。通过合作，将产品融入当地旅游线路，扩大产品的曝光度和受众范围。

通过以上的操作，本实践案例成功地开发了以非物质文化遗产为核心的旅游文创产品，实现了文化传承与经济发展的有机结合。从项目背景和目标的明确到前期调研与资源的准备，再到创意设计与产品开发的创新实践以及制作与生产的传统工艺复兴和技艺传承，最后到推广与营销的有力推进，整个流程充分展现了如何将非物质文化遗产融入旅游文创产品的开发全过程。通过这一系列紧密衔接的步骤，不仅实现了文化的传承和保护，还为当地经济的发展注入了新的活力，为保护和传承非物质文化遗产提供了有益的经验和借鉴。

总结起来，本实践案例的经验为其他类似项目的开展提供了有价值的参考。通过充分的前期调研、传统工艺的传承与创新以及社会合作与市场推广，非物质文化遗产旅游文创产品的开发成功地将文化传承和经济发展有机地结合起来，充分展示了非物质文化遗产的独特魅力和发展潜力。

第四章

非物质文化遗产旅游文创产品的设计要素

第一节 | 非物质文化遗产旅游文创产品的视觉要素设计

非物质文化遗产旅游文创产品的视觉要素设计是为了通过视觉的方式传达文化信息，吸引目标用户并增强产品的辨识度。

一、标志和图形设计

一个独特而具有辨识度的标志可以成为产品的标志性特征，代表着非物质文化遗产的核心价值和产品的品牌形象。标志设计应简洁、清晰、易于识别，且要与非物质文化遗产有明确相关性，以便在不同的媒介上都能有效地传达信息。以下是关于标志和图形设计的四个重要方面。

（一）简洁性

在非物质文化遗产旅游文创产品的标志和图形设计中，简洁性是一个关键的设计原则。简洁的设计意味着使用最少的元素和线条来表达核心信息，使标志更加清晰、易于理解和识别。

1. 简化形状

通过简化形状和减少细节，可以使标志更加清晰和易于辨识。避免过于复杂和繁杂的形状，保持简单而具有独特性的轮廓。简化的形状能够提升标志的可读性，并使其在不同的尺寸和比例下都能保持较高的清晰度。

2. 精简线条和图形

选择简洁、流畅的线条和图形，去除冗余的元素。尽量避免过多的曲线和细节，保持线条的简洁性和连贯性。精简的线条和图形能够凸显标志的主要信息，并使其更易于记忆和识别。

3. 文字简明易读

如果标志中包含文字信息，应确保文字的简明、易读。选择清晰、简洁的字体，并注意字体的大小和间距，以确保文字在不同尺寸下都能清晰可见。避免使用过多的文字和复杂的排版，以免影响标志的简洁性和识别性。

4. 去除不必要的细节

在设计过程中，审视标志和图形的每个元素，去除不必要的细节和冗余的图案。保持设计的简洁性和纯粹性，使核心信息能够直接传达给观众，提升标志的视觉冲击力和辨识度。

通过简洁性的标志和图形设计，非物质文化遗产旅游文创产品能够以简洁明快的形式表达核心信息，使观众能够快速理解和识别，增强产品的视觉吸引力和辨识度。简洁的设计也能跨越语言和文化的障碍，使非物质文化遗产的价值被更广泛地传达和认知。

（二）清晰性

标志设计应具有清晰的构图和结构，使人一眼就能理解标志所代表的价值意义和文化背景。图形的形状、比例和空间关系应明确，避免使用过于复杂或含糊不清的元素。

1. 精确传达意义

清晰的设计能够直观地传达标志和图形所代表的意义和信息。通过明确的形状和图案，观众可以快速理解并联想到非物质文化遗产的核心价值和文化特征。清晰的设计可以使标志和图形在瞬间引起观众的共鸣和认同，有助于建立起与非物质文化遗产相关的情感联系。

2. 提高可读性和可识别性

清晰的设计使标志和图形在各种尺寸和比例下都能保持良好的可读性和可识别性。无论是在大型广告牌上还是在很小的名片上，观众都能够清晰地辨认和理解标志的形状和图案。清晰的设计能够避免过于复杂或模糊的元素，从而确保信息的传达和识别的准确性。

3. 强调关键元素

清晰的设计可以突出标志和图形中的关键元素，增强其表达力和辨识度。通过精确的线条和形状，重要的细节和特征都能够清晰地展现出来，使观众能够直接关注非物质文化遗产的核心特点和文化价值。清晰的设计可以使标志和图形在视觉上更加突出和引人注目。

4. 兼顾复杂性和简洁性

尽管清晰性强调简洁和明确的设计，但这并不意味着标志和图形一定要过于简单化。一些非物质文化遗产可能具有复杂的形态和纹理，为了保持其独特性和完整性，设计师可以在清晰性的基础上兼顾复杂性。关键是通过清晰的组合和有序的结构，使复杂的元素在视觉上清晰可辨，不造成误解或歧义。

5. 具有可扩展性和应用性

清晰的设计使标志和图形具有良好的可扩展性和应用性。无论是在打印品、网站还是产品包装上，清晰的设计能够适应不同的产品尺寸和传播媒介，保持图形的清晰度和高品质。设计师可以通过对图形元素的精确控制来确保在各种应用场景下都能保持清晰性，这包括考虑标志和图形在不同比例、放大或缩小等情况下的可视性和可读性。设计师可以对线条的粗细、形状的简洁和比例的平衡进行精确控制，以确保设计在任何尺寸下和传播媒介上都能清晰地展现非物质文化遗产的视觉元素。

（三）易识别性

标志设计应具备易识别性，即使在复杂的环境中或短暂的观察时间内，观众也能迅速辨认出标志的特征。设计师可以运用独特的形状、线条和色彩组合，以确保标志在视觉上的独特性和辨识度。

1. 独特的形状和线条

一个独特的形状或线条组合可以使标志在众多标志中脱颖而出，增加其易识别性。通过创新的形状设计，可以创造出与众不同的标志，让观众在短时间内快速辨认并记住。

2. 清晰的轮廓和对比度

清晰的轮廓和对比度有助于使标志或图形在视觉上更加突出和易于辨认。使用明亮与暗淡以及对比强烈的颜色组合，或者在标志的边缘和图形的主要元素之间增加清晰的轮廓线，都可以增加标志和图形的视觉吸引力和易识别性。

3. 简洁的元素和图形

设计师应避免在标志或图形中使用过多的元素和细节，以免造成混乱和视觉干扰。简洁的设计有助于观众快速捕捉关键信息和形状，提高易识别性。

通过关注标志和图形设计的易识别性，非物质文化遗产旅游文创产品可以在视觉上更具吸引力和辨识度。一个易于识别的标志或图形可以帮助观众快速辨认出非物质文化遗产的相关产品，增加品牌的记忆度。

（四）与非物质文化遗产相关性

标志和图形设计应与非物质文化遗产的特点和核心价值相呼应。可以从非物质文化遗产中提取具有代表性的元素，并将其融入标志设计中，以体现非物质文化遗产的独特魅力和文化特征。

1. 提取核心元素

从非物质文化遗产中提取具有代表性和独特性的元素，如传统图案、器物符号、艺术形式等，这些元素可以是与特定非物质文化遗产相关的图案或形状，凸显其独特的文化特征。

2. 应用文化符号

引入非物质文化遗产中的文化符号，以突出标志和图形的文化意义。这些符号可以是特定的象征、民俗元素或是与非物质文化遗产相关的图像，使观众能够迅速联想到非物质文化遗产的代表性特征。

3. 运用传统艺术形式

将非物质文化遗产中的传统艺术形式与标志和图形设计相结合。例如，可以运用传统绘画、刺绣、雕刻等技艺创造出独特的图案和视觉效果，体现非物质文化遗产的艺术魅力和工艺传承。

4. 结合现代元素

将传统非物质文化遗产与现代元素相结合，以创造出独特且与时俱进的标志和图形设计。这可以通过现代图形处理技术、排版设计或现代艺术风格的运用，将传统与现代融合，体现非物质文化遗产的时尚与创新。

5. 增强文化表达力

标志和图形设计应通过形状、线条、图案和色彩等视觉元素，传达非物质文化遗产的独特文化价值和意义。设计师可以选择具有代表性的图案和形状，或借用非物质文化遗产中的艺术元素和符号，以强调文化的传统性、深度和丰富性。

6. 体现文化背景

设计师可以通过标志和图形设计，将非物质文化遗产的背景故事融入其中。可以运用图像、图案和色彩等元素，呈现非物质文化遗产的起源、传承和发展故事，以激发观众的兴趣和情感共鸣。

7. 体现地域特色

根据非物质文化遗产所在地的特色地域文化，设计师可以运用标志和图形设计来突出其地域的独特性。可以引入当地的自然景观、建筑元素、传统手工艺等元素，使标志和图形设计具有地域性的辨识度。

与非物质文化遗产相关的标志和图形设计可以传达非物质文化遗产的独特价值和文化意义，增强产品的文化表达力和辨识度。这样的设计可以使非物质文化遗产旅游文创产品在市场中脱颖而出，吸引目标受众的关注和兴趣，并与非物质文化遗产的核心价值和文化传承相契合。

二、色彩运用

色彩选择是视觉设计中非常重要的一环。可以根据非物质文化遗产的特点和目标受众的情感需求来选择适合的色彩方案。传统文化常常与特定的色彩相关，因此可以运用传统的颜色搭配或通过现代色彩的运用赋予产品新的视觉魅力。

（一）色彩与非物质文化遗产的关联

选择色彩时，可以考虑非物质文化遗产的特点和文化内涵。不同的非物质文化遗产可能与特定的色彩相关，如中国传统文化常与红色和金黄色相关联，而日本传统文化常与淡雅的粉色和自然色调相关联。因此，可以运用与非物质文化遗产相关的色彩，突出产品的文化特色和传统韵味。

（二）目标用户的情感需求

考虑目标用户的情感需求是选择色彩方案的重要影响因素。不同的色彩可以引起不同的情绪和联想。例如，明亮的色彩如红色和黄色可以传达活力之感，适用于充满活力的非物质文化遗产；而柔和的色彩如蓝色和绿色可以传达平静和自然之感，适用于与自然环境相关的非物质文化遗产。

（三）传统色彩与现代色彩的融合

在色彩运用中，也可以将传统色彩与现代色彩相融合，以赋予产品新的视觉魅力和时尚感。可以选择传统色彩作为基调，并结合现代色彩来增加活力感和新颖感。这种融合可以使非物质文化遗产旅游文创产品在传承传统的同时，具有与时俱进的现代感。

（四）色彩搭配和对比

在色彩运用中，搭配和对比是需要注意的关键点。可以运用色彩搭配的原则，如类似色搭配、互补色搭配或对比色搭配等，以创造和谐、美观的效果。同时，要注意色彩的明暗对比和饱和度的变化，以使视觉效果更加丰富和引人注目。

（五）媒介和平台的适应性

在选择色彩方案时，要考虑产品在不同媒介和平台上的展示和传播。不同媒介和平台对色彩的呈现有不同的要求和限制。例如，印刷品和数字媒体在色彩还原和色彩呈现范围方面存在差异。因此，设计师需要考虑色彩在不同媒介和平台上的表现效果，并做出相应的调整和优化，以确保色彩的一致性和稳定性。

（六）色彩的数量和配比

在视觉设计中，过多的色彩可能会造成视觉混乱之感。因此，建议在设计中选择适度的色彩数量，以保持整体的统一性和清晰度。可以运用主色和辅助色的搭配，或者采用单色调的设计，使色彩更加突出和集中。

（七）色彩的平衡与和谐

在设计过程中，要注意色彩的平衡与和谐性。可以运用色彩理论中的色彩搭配原则，如色彩的冷暖平衡、明度对比和色相关联等，以实现整体色彩的和谐统一。平衡的色彩运用可以使产品的视觉效果更加舒适。

（八）考虑文化差异

如果目标市场涉及不同的文化背景和国际化需求，需要考虑色彩在不同文化中的象征意义和文化偏好。不同的文化对色彩的理解和情感联想可能存在差异，因此在选择色彩方案时，要充分考虑目标市场的文化背景和观众的文化敏感性。

通过精心运用色彩的设计原则和技巧，非物质文化遗产旅游文创产品的视觉要素能够传达文化信息、吸引目标用户并增强产品的辨识度。色彩的选择和运用应考虑非物质文化遗产的特点、目标用户的情感需求以及传播媒介和平台的要求，以实现视觉上的吸引力、表达力和文化感染力。

三、图案和纹样设计

非物质文化遗产通常具有丰富的图案和纹样，如传统绘画、刺绣、雕刻等，可以从中提取具有代表性的图案元素，并将其运用于产品设计中，以展示非物质文化遗产的独特美学和文化特征。

（一）提取代表性的图案元素

在图案和纹样设计中，首先需要从非物质文化遗产中提取具有代表性的图案元素。这些元素可以是传统绘画中的花鸟、山水、人物形象，也可以是刺绣中的花卉、纹饰，或者是雕刻中的图案和图腾等。这些图案元素代表了非物质文化遗产的核心特征和文化意义，通过将其应用于产品设计中，可以传达非物质文化遗产的独特美学和文化意义。

（二）融合传统与现代元素

在图案和纹样设计中，设计师可以运用创新的方式将传统图案元素与现代元素相融合，以展现非物质文化遗产的时尚与创新。可以通过调整图案的比例、构图和排列方式，加入现代的几何形状、线条或色彩，使设计更具现代感和时尚度。这种融合可以让非物质文化遗产在视觉上更具吸引力，同时也能吸引更多年轻一代的目标用户。

（三）创造独特的纹样和组合

在图案和纹样设计中，设计师可以创造独特的纹样和组合，以突出非物质文化遗产的独特性。可以通过对图案元素的重新排列、重组或变形，创造出新的纹样和组合，以实现视觉上的个性化创新。这样的设计可以使产品在市场上与众不同，增强其辨识度和独特性。

（四）考虑应用场景和材质

在图案和纹样设计中，还需要考虑产品的应用场景和材质。不同的产品和材质可能对图案和纹样的表现方式有所要求。例如，对于纺织品或陶瓷器等材质，设计师需要考虑图案的重复性和适应性，以确保在应用时能够呈现出美观和谐的效果。此外，还需要考虑图案的大小、比例和色彩等因素，以适应不同产品的尺寸和形状。

（五）注重文化意义和故事性

在图案和纹样设计中，设计师应注重图案的文化意义和故事性。非物质文化遗产的图案和纹样背后往往蕴含着深厚的文化历史和传承故事，设计师可以通过精心的设计，将这些故事融入图案中，为产品赋予更多的文化内涵和情感价值。这样的设计不仅能够吸引用户的兴趣，还能让用户更好地理解和感受非物质文化遗产的价值和意义。

（六）注重精细化的图案表现

在图案和纹样设计中，细节的表现是至关重要的。设计师需要注重图案的精细化和清晰度，使其在产品上能够清晰可见，并保持其视觉效果的完整性。无论是在印刷品、纺织品，还是其他材质上，都要保证图案的清晰度和高质量，以提升产品的观赏性和品质感。

总而言之，图案和纹样设计是非物质文化遗产旅游文创产品设计中重要的视觉要素之一。通过提取代表性的图案元素、融合传统与现代元素、创造独特的纹样和组合，并注重文化意义、故事性和细节表现，设计师才能打造出独具魅力和文化内涵的产品，为用户带来独特的视觉体验和文化感受。这样的视觉要素设计不仅能吸引用户的关注和兴趣，也能有效传达非物质文化遗产的价值和意义。

第二节 | 非物质文化遗产旅游文创产品的声音要素设计

非物质文化遗产旅游文创产品的声音要素设计是指在产品中运用声音和音效来传达文化信息、增强用户体验和创造独特的氛围。

一、音效选择

在非物质文化遗产旅游文创产品的声音要素设计中，音效选择是至关重要的一步。通过选择与非物质文化遗产相关的音效，可以突出文化元素并传达特定的情感和氛围。

（一）传统乐器的声音

非物质文化遗产通常与特定的传统乐器有关。通过选择使用传统乐器的声音，如古筝、琵琶、二胡、笛子等，可以直接呈现出非物质文化遗产的音乐表达和独特韵味。这些乐器的音色和演奏风格可以带给用户一种独特的文化体验。

（二）自然环境的声音

非物质文化遗产与自然环境有着紧密的联系。通过选择自然环境的声音，如鸟鸣、水流、风声、雨声等，可以为产品营造出与非物质文化遗产相关的自然氛围。这些声音可以带给用户一种身临其境的感觉。

（三）人声

人声是非物质文化遗产中重要的音效之一。可以选择传统音乐演唱、民间故事讲述、表演艺术的声音等，以展示非物质文化遗产的表达方式和人文情感。通过人声的呈现，可以使用户更好地感受非物质文化遗产的情感魅力和独特之处。

（四）戏曲音乐

戏曲音乐是许多文化遗产中不可或缺的一部分。选择戏曲音乐的声音，如京剧、豫剧、川剧等，可以将用户带入传统戏曲的世界，体验其独特的旋律、节奏和表演方式。戏曲音乐的声音可以表现非物质文化遗产的艺术魅力和文化精髓。

（五）特定的器物声音

非物质文化遗产常与特定的器物和手工艺品相关。通过选择与这些器物相关的声音，如陶瓷器的敲击声、织布机的咔嗒声、打铁的敲击声等，可以直观地体现非物质文化遗产的手工艺技艺的韵味。

除了选择合适的音效，还可以运用录音、采样或音频编辑软件对音效进行制作和处理。这包括音效的录制和采集以及对音频进行编辑和处理，以达到所需的效果。

二、音乐配乐

运用适合的音乐配乐来增强产品的情感表达和文化氛围，根据产品的定位和目标受众选择合适的音乐类型和风格，使音乐的节奏、旋律和音调与产品的主题和情感相协调。

（一）音乐的类型和风格

根据产品的定位和目标受众的特征，选择适合的音乐类型和风格。可以考虑传统音乐、当地音乐或现代音乐等。传统音乐可以突出非物质文化遗产的传统韵味，当地音乐可以营造地域特色和民俗氛围，而现代音乐可以赋予产品时尚感和创新性。

（二）音乐的节奏和旋律

音乐的节奏和旋律对于营造特定的情感和文化氛围至关重要。例如，快节奏的音乐可以传达活力和激情，适用于表现非物质文化遗产的欢乐和庆典场景；而慢节奏的音乐能够创造出宁静与祥和的氛围，适用于表现非物质文化遗产的内敛和沉静。

（三）音乐的音调和情感表达

音乐的音调和情感表达也是设计音乐配乐时需要考虑的因素。音乐的音调可以与非物质文化遗产的主题和情感相协调，例如选用悠扬的音调来表达非物质文化遗产的温情和浪漫。此外，音乐的情感表达可以通过选取具有特定情感色彩的乐器、演奏风格和编曲方式来实现，以增强产品的情感共鸣和用户的情感体验。

（四）音乐的时长和循环设计

在设计音乐配乐时，需要考虑产品的时长和循环播放的需求。音乐的时长应与产品的持续时间相匹配，避免过短或过长的音乐影响用户的体验。此外，对于需要循环播放音乐的产品，音乐的结构和过渡设计需要考虑循环的连贯性，使音乐能够持续营造出所需的情感和氛围。

三、声音引导和解说

在产品中加入声音引导和解说，向用户提供相关的文化解释、导览等，可以通过录音或专业配音人员进行声音录制，以确保声音的清晰度和专业性。声音引导可以为用户提供更深入地理解和体验非物质文化遗产的机会。

（一）内容策划

在设计声音引导和解说之前，需要进行详细地内容策划。确定要传达的信息和故事，以及需要解释的文化背景和细节信息，这包括非物质文化遗产的历史、起源、技艺、传承等方面的内容。

（二）脚本编写

根据内容策划，编写声音引导和解说的脚本。脚本应简洁明了，符合目标受众的理解能力，并能够吸引用户的兴趣和注意力，重点突出非物质文化遗产的独特之处和文化内涵，同时提供有趣的故事和背景知识。

（三）配音录制

选择专业的配音人员进行声音引导和解说的录制。配音人员应具备清晰而富有表现力的声音，能够准确传达脚本中的情感和意义。录制过程中需要注意声音的质量和清晰度，以确保用户能够清楚地听到所要传达的信息。

（四）音效设计

除了声音引导和解说，还可以考虑添加适当的音效来增强用户的体验。例如，当描述某个传统工艺技艺时，可以加入相应的工艺声音，让用户更好地感受其独特的韵味。音效应与内容相匹配，并能够提供更真实、更沉浸式的体验。

（五）导览设备和技术

为了让用户能够方便地听取声音引导和解说，可以考虑提供导览设备，如耳机、音频播放器等。这些设备应易于操作和舒适佩戴，以便用户自由选择感兴趣的内容进行听取。同时，可以利用现代技术，如移动应用程序或导览系统，让用户通过智能手机或平板电脑获取声音引导和解说的内容。

通过声音引导和解说，非物质文化遗产旅游文创产品能够为用户提供更丰富、更深入的文化体验。它能够将非物质文化遗产的故事和价值传递给用户，增强他们对文化遗产的理解和认为，同时提升产品的吸引力和用户的体验感。

四、交互音效

为产品中的交互操作和动态元素添加相应的音效，以增强用户的参与感和互动体验，可以根据操作的不同设计不同的音效，使用户在操作过程中获得更直接的满足感。

（一）按钮和触摸交互

为产品中的按钮、图标和交互元素添加特定的音效，可以使用户在点击或触摸时能够听到相应的反馈音效。这样的音效可以使操作的成功与否更具可感知性，让用户明确知道他们的操作被成功接受。

（二）动态元素和状态转换

在产品中存在动态元素和状态转换时，如场景切换、页面加载、过渡动画等，可以通过音效来增强其视觉效果和交互感。设计与动态元素相匹配的音效，使用户能够感知界面的变化，提升产品的整体体验和流畅性。

（三）物品拾取和操作反馈

对于需要用户进行物品拾取、移动或操作的场景，可以设计相应的音效来模拟实际操作中的声音反馈。例如，当用户拾取一个物品时，可以播放与物品相对应的声音，让用户感受到物品的质感和触感。

（四）互动提示和引导

当用户需要进行特定操作或参与互动活动时，可以通过音效来提供提示和引导。例如，在解谜游戏中，可以设计特定的音效来提示用户接近解谜的正确答案，或者在导览应用中，使用特定的音效来引导用户前进或切换不同的导览点。

（五）用户反馈和奖励

为用户的行为和成就设计特定的音效，以增加互动的乐趣和满足感。例如，当用户完成一个任务或达到一定的成就时，可以播放奖励音效，让用户感受到他们的努力得到认可和回报。

五、环境音效

根据产品的场景和情境，加入适当的环境音效，以营造特定的氛围和场景感。通过合理运用环境音效，可以为用户营造真实而沉浸的体验，使他们感受到非物质文化遗产的独特场景和氛围。

在选择环境音效时，首先需要考虑产品所代表的场景或情境。根据非物质文化遗产的特点和所在的地域环境，可以选择与之相符合的环境音效。例如，如果产品涉及自然景观，可以加入鸟鸣、虫鸣、风声、水流声等自然元素的音效，以营造出自然生态的氛围。如果产品展示传统工艺作坊，可以加入敲击声、切割声、锤击声等工艺制作过程中产生的声音，使用户产生身临其境之感。

环境音效的选择和处理需要注意真实性和准确性。通过实地录音或使用专业的音频库资源，确保音效的质量和逼真度。此外，合适的音效循环和淡入淡出的过渡也可以使环境音效更加平滑和自然。另外，根据产品设计的需求和用户体验的要求，可以考虑为用户提供自定义环境音效的选项。这样，用户可以根据自己的喜好和场景需求，调整环境音效的音量或选择开启或关闭环境音效，以获得更符合自己喜好的体验。

通过合理选择和运用环境音效，能够营造出真实、沉浸和富有互动感的场景，为用户带来更加丰富和真实的非物质文化遗产体验。

六、音频整合和混合

在非物质文化遗产旅游文创产品的声音要素设计中，音频整合和混合是一个重要的环节。通过将不同的声音要素整合到一起并进行混合处理，可以创造出丰富多样的声音效果，提升产品的音频质量和体验感。

音频整合是将各个声音要素有机地结合在一起，使其相互呼应和协调。这包括将背景音乐、声音引导、交互音效、环境音效等各个音频元素进行组合，以达到整体音频效果的一致性和连贯性。合理选择和安排不同音频元素的时机和位置，使它们能够和谐地融入产品的整体体验中。

音频混合是对不同音频元素进行技术处理，调整音量、混响、平衡等参数，以达到音频的平衡和统一。通过合理调整音量，确保各个音频元素在播放时的相对平衡，避免某个声音过于突出或被淹没。同时，适度添加混响效果，可以使声音更加饱满和立体，增强音频的空间感。此外，通过平衡各个频段的声音，使音频在频谱上更加均衡，确保各个音频元素在不同播放设备上都能有良好的呈现效果。

在音频整合和混合的过程中，可以借助专业的音频编辑软件和音频处理技术。通过剪辑、混合、调节参数等操作，将不同的声音要素融合在一起，达到预期的音频效果。同时，也要注意测试和调试，确保音频在不同设备和环境中的表现一致，并与产品的整体体验相协调。

在设计非物质文化遗产旅游文创产品的声音要素时，需要考虑产品的整体风格和目标受众的需求。声音设计的目的是增强产品的情感表达、营造独特的氛围和提升用户体验。

第三节 | 非物质文化遗产旅游文创产品的文字要素设计

非物质文化遗产旅游文创产品的文字要素设计通过文字的选择、排版和呈现方式，来传达文化信息、提供解说和引导，以及增强产品的品牌形象和用户体验。

一、字体选择

选择合适的字体可以准确传达非物质文化遗产的氛围和风格。可以选择具有传统特色的字体，以突出非物质文化遗产的传统韵味；也可以选择现代风格的字体，以突出产品的现代感与创新性。

（一）传统字体的选择

为了突出非物质文化遗产的传统韵味和历史背景，可以选择具有传统特色的字体。比如，书法体、篆体、古印章字体等都可以很好地体现传统文化的独特美感和艺术风格。这些字体形状独特、线条优美，能够呈现出非物质文化遗产的传统艺术特征。

1. 常见的传统字体及其特点

在非物质文化遗产旅游文创产品的文字要素设计中，传统字体的选择是非常重要的。传统字体可以通过其独特的形状和艺术风格，有效地传达非物质文化遗产的传统韵味和历史背景。

（1）书法体

书法体是一种模仿书法艺术的字体，其特点是线条流畅、笔画有力，能够展现传统文化的气韵和书法艺术的美感。不同书法风格（如楷书、行书、草书等）都有各自的特点，可以根据产品的特性选择合适的书法字体，以展现非物质文化遗产的独特之美。

（2）篆体

篆体是中国古代的一种文字形式，其特点是线条方正、刚劲有力，富有雄浑气息。篆体字体可以通过其独特的字形和线条构造，突出非物质文化遗产所代表的历史和传统文化的独特性。它可以带来一种古朴、庄重之感，增强产品的文化氛围和特色。

（3）古印章字体

古印章字体是模仿古代印章文化的字体，它具有方正、简洁的字形，给人一种古老、庄重的印章印记之感。这种字体常常被用来体现非物质文化遗产的印章文化和封印传统，通过字体的形态和结构，向用户传达非物质文化遗产的独特魅力和历史价值。

2. 选择传统字体时的要点

在选择传统字体时，需要考虑以下五个方面。

（1）可读性

虽然传统字体具有独特的形状和艺术性，但其可读性也是需要考虑的因素。字体的字形应清晰、线条不过于复杂，以确保文字能被读者准确理解。

（2）适用性

不同的传统字体适用于不同的文化背景和产品特点。在选择传统字体时，要考虑与非物质文化遗产的相关性和适应性，以确保字体能够与文化元素相匹配并达到预期的效果。

（3）多样性和组合

传统字体可以有多种选择，设计师可以根据产品的需要，选择不同字体之间的组合和搭配，以丰富文化多样性和视觉效果。

（4）现代化处理

尽管传统字体具有历史和传统的特点，但在应用于非物质文化遗产旅游文创产品中时，也可以进行现代化处理。设计师可以通过调整字体的细节、添加特殊效果或结合现代元素等，使传统字体更具现代感，以满足当代用户的需求和审美趋势。

（5）字体版权

在选择传统字体时，需要注意版权问题。确保所选字体的版权合法，并遵守相关的知识产权法律法规。

字体的选择不仅是为了装饰和美化，更重要的是通过字体的形态、结构和风格，传达非物质文化遗产的独特魅力和历史价值。合理选择和运用传统字体，可以使文字在视觉上与产品的整体风格相呼应，增强产品的独特性和文化氛围。然而，在使用传统字体时，也要注重与现代审美的结合，以确保设计的时尚性和用户的接受度。

（二）现代字体的选择

除了传统字体，现代字体也可以被运用到非物质文化遗产旅游文创产品中，以突出现代与创新的特点，这样的字体可以与传统元素相结合，创造出新颖的视觉效果。

1. 常见的现代字体及其特点

（1）无衬线体

无衬线体是一种没有装饰性笔画的字体，如 Arial、Helvetica、Roboto 等。其特点是简洁、现代，具有直线条和统一的笔画粗细，适用于注重简洁和现代感的设计。无衬线体常用于标题、标语、按钮和大段文字的排版中，可以使文字看起来干净、清晰，增加阅读的舒适度。

（2）手写体

手写体模拟了手写的效果，如 Brush Script、Lobster、Amatic SC 等。这些字体通常带有个性化的笔画、不规则的形状和斜体倾斜，给人一种亲切、自然的感觉。手写体适用于突出非物质文化遗产的人情味营造亲切和温暖的氛围。

（3）装饰性字体

装饰性字体具有独特的装饰元素和艺术性的特点，如 Edwardian Script ITC、Bodoni Ornaments、Zapfino 等。这些字体的特点是线条优美、形状复杂，具有艺术性的装饰元素。装饰性字体适用于强调非物质文化遗产的艺术性，可以在标题、标志或特定的设计元素中使用，以吸引用户的注意并增加视觉冲击力。

（4）字体配对

在设计中，也可以选择将传统字体与现代字体进行配对，创造出独特而有趣的对比效果。传统字体可以突出非物质文化遗产的传统韵味和历史背景，而现代字体可以强调产品的现代与创新。通过合理的字体配对，可以创造出视觉上的层次感和平衡，提升整体设计的美感和吸引力。

2. 选择现代字体时的要点

在选择现代字体时，设计师需要考虑以下五个方面。

（1）风格一致性

选择现代字体时，要确保字体的风格与产品的整体风格和目标用户相一致。字体的形状、线条和比例应与产品的视觉风格相协调，以确保整体设计的统一性和连贯性。

（2）可读性

现代字体应具有良好的可读性，文字应清晰、易于辨识。字体的字形和线条应简洁明了，避免过于复杂的装饰和花纹，以确保文字能够被读者准确理解。

（3）适应性

选择现代字体时，要考虑字体在不同媒介和尺寸上的适应性。字体应在不同分辨率的屏幕上清晰可见，并能够适应不同大小的文字排版，以保持良好的可视性和可读性。

（4）情感表达

现代字体的选择也应考虑目标用户的情感需求和产品品牌形象的定位。某些字体可能会传达特定的情感或风格，如时尚、年轻、活力等，因此要选择与产品定位和目标用户相符合的字体，以增强用户的情感共鸣和体验。

（5）授权和版权

在使用现代字体时，要确保字体的合法性和版权问题。选择合法的商业字体或免费字体，并遵守相关的授权和使用条款，以避免侵权和法律纠纷。

总而言之，现代字体的选择应考虑产品整体风格的一致性、可读性、适应性、情感表达以及授权和版权等因素。通过合理选择和运用现代字体，可以为非物质文化遗产旅游文创产品注入现代感和创新性，同时突出产品的特色和吸引力。

二、字号和排版

在文字的呈现中，字号的选择和排版的布局至关重要。需要根据文字的重要程度和阅读环境的需求，合理设置字号，以确保文字的可读性。同时，排版的布局应注重信息的清晰性和层次感，通过合理的行距、段落间距和对齐方式，使文字整齐有序、易于阅读。

（一）字号选择

1. 文字的重要性

（1）主标题

主标题通常是产品中最重要的文字元素之一，它应该具有足够的吸引力和突出性。选择较大的字号可以使主标题在整体设计中更加醒目，能够吸引读者的注意力并传达核心信息。

（2）副标题

副标题用于补充主标题，以提供更详细的信息。字号的选择应使副标题相对于主标题略小，但仍然足够清晰可读，以区分主次信息。

2. 阅读距离和视力需求

考虑目标受众的阅读距离和视力需求，以确定合适的字号大小。如果产品的预期阅读距离较远，例如在展览中或户外广告中，字号应相对较大，以确保远距离观看者能够轻松读取文字内容。

针对有特定视力需求的受众，如老年人或视力较弱的人群，应选择较大的字号，以确保他们能够轻松地阅读文字并获得信息。

3. 一致性和平衡

在整体设计中保持字号的一致性和平衡是很重要的。相似类型的文字元素，如标题、副标题和正文，应使用一致的字号，以保持整体视觉平衡和一致性。同时，还需要注意文字与其他设计元素的平衡。字号的选择应与其他视觉要素相协调，如图像、图表、背景色彩等。确保字号大小与其他设计元素相互衬托，达到整体美感和视觉平衡。

4. 文字的可读性和舒适性

字号的选择应考虑文字的可读性，确保文字清晰可辨，不会因过小的字号而模糊或难以辨认。正确的字号选择可以提供更好的阅读体验，让读者能够轻松阅读文字内容，避免视觉疲劳或困难。正文文字的字号应使文字在常规阅读距离内清晰可见，同时注意行间距的设置，以提供良好的阅读舒适度。

总之，字号选择在非物质文化遗产旅游文创产品的文字要素设计中至关重要。要根据产品的特点、阅读环境和目标受众的需求，通过合理选择字号大小并与其他设计元素协调配合，确保文字的可读性、信息传达效果和整体视觉效果的协调一致，以达到最佳的设计效果。

（二）排版布局

排版布局在非物质文化遗产旅游文创产品的文字要素设计中起着至关重要的作用。适当的排版布局可以提高文字的可读性、信息传达效果和整体视觉效果。

1. 行距和段落间距

合理设置行距和段落间距，以确保文字之间有足够的间隔，避免拥挤和混乱。适当的行距可以提高文字的可读性和舒适度，使读者更容易阅读和理解文字内容。一般而言，较长的段落可以采用稍大的段落间距，使得内容更易于区分和阅读。

2. 对齐方式

根据排版设计的整体风格和内容特点，选择适当的对齐方式。常见的对齐方式包括左对齐、右对齐、居中对齐和两端对齐。选择对齐方式时需要考虑文字的长度和排列的整体美感，以及与其他元素的协调性。一般而言，左对齐是最常用的对齐方式，可以提供清晰的阅读线索和整齐的排版效果。

3. 分栏布局

对于较长的文字内容，可以考虑采用分栏布局，将内容分成多栏进行排版。分栏布局可以提高信息的可读性和视觉吸引力，同时使内容更易于组织和阅读。在选择分栏布局时，需要考虑文字的数量和长度以及页面空间的限制。合理的分栏布局可以使页面看起来更加平衡和丰富，为用户提供更好的阅读体验。

4. 首行缩进和段落缩进

适当的首行缩进和段落缩进可以帮助用户区分段落并增加段落的连贯性。首行缩进通常是在段落的第一行缩进一定的距离，以突出段落的开头；段落缩进是将整个段落的所有行都向右缩进一定的距离，使得段落之间的区分更加清晰。首行缩进和段落缩进的使用应根据具体的设计要求和排版风格来确定。

5. 标题和段落格式

在文字排版中，合理使用标题和段落格式可以提高内容的组织性和可读性。清晰的标题层级和段落分隔可以帮助读者更好地理解内容结构和关键信息。使用恰当的字体和加粗、斜体等格式化选项可以突出重要信息并强调内容。此外，使用合适的缩进、标点符号和引用样式可以使段落之间的逻辑关系更清晰可读。

6. 网格系统和网格对齐

在设计排版布局时，可以采用网格系统和网格对齐来确保文字和其他设计元素的准确对齐和平衡。网格系统是一种将页面划分为网格单元的布局方法，可以帮助设计师保持一致的间距和比例，使文字和其他元素更加有序和统一。

7. 空白和负空间的利用

合理利用空白和负空间，可以提高排版的清晰度和可读性。适当的空白可以让文字和其他元素在页面上有呼吸感，减少视觉混乱和干扰，使用户的阅读体验更加舒适和流畅。

8. 响应式排版

考虑到不同设备和屏幕尺寸的多样性，响应式排版可以使文字在各种屏幕上都能保持良好的可读性和布局一致性。通过使用自适应布局、可伸缩字号和自动换行等技术，可以确保文字在不同设备上呈现出最佳的阅读体验。

整体而言，文字的字号选择和排版布局需要综合考虑设计风格、可读性、用户体验和视觉平衡等因素。合理的字号和排版布局能够使文字内容被清晰地传达，吸引读者的注意力，并提升非物质文化遗产旅游文创产品的整体视觉效果和品质。

（三）特殊效果和强调

在非物质文化遗产旅游文创产品的文字要素设计中，特殊效果和强调的使用可以使特定的文字内容更加醒目和突出，吸引读者的注意力并传达重要信息。

1. 粗体和斜体

通过使用粗体和斜体样式，可以在整体排版中强调特定的文字内容。粗体使文字在视觉上更加醒目和突出，适用于强调关键词、重要概念或标题。斜体则可以用于强调特定的词语、外来语、引用或专有名词。使用粗体和斜体时，应确保字体的清晰度和可读性，并避免过度使用，以保持整体排版的平衡与和谐。

2. 引用和引号

在引用和引号中使用特定的字号和排版样式，可以使引文和引用的内容与其他文字区分开来，并被突出显示。可以使用不同的字号、颜色或背景色来标识引用部分，以增加其可视性。此外，可以采用特定的引用样式，如缩进、边框或斜线等，以强调引文的重要性和独立性。

3. 下划线和删除线

下划线和删除线是强调特定文字内容的常见方式。下划线可用于强调关键词、链接或重要信息。删除线则常用于表示删除或修正的内容。在使用下划线和删除线时，要注意其适度性和可读性，避免过度使用，以保持排版的清晰度和整洁度。

4. 颜色和高亮

通过使用特定的颜色或高亮效果，可以使文字在排版中更加突出和引人注目。可以使用鲜艳的颜色或醒目的高亮颜色来强调关键词、重要信息或特定部分。然而，在使用颜色和高亮时，应注意配色的协调搭配和对比度，以确保文字的清晰度和可读性。

5. 字体大小和层次感

通过调整字体的大小和层次感，可以在排版中创造出视觉的层次和重点突出效果。较大的字号可以吸引读者的注意力，将重要信息置于显眼的位置。通过在标题、子标题和正文之间使用不同的字号和字体样式，可以构建内容的层次感和结构，使读者更容易理解和浏览文本。

需要注意的是，在使用特殊效果和强调时，要保持适度和平衡。过度使用特殊效果和强调，可能导致视觉混乱和阅读困难，降低整体排版的质量。因此，应根据设计目的和文本内容的需要，谨慎选择和应用特殊效果和强调方式。

三、文字内容

文字要素设计需要根据产品的目标和定位，提供相关的文化解释、导览和故事。文字内容应准确、简明扼要地传达非物质文化遗产的核心信息和价值，同时要吸引读者的兴趣。可以通过描绘非物质文化遗产的历史、特点、传承过程、故事以及相关的文化背景和意义等，来丰富文字内容。

（一）目标和定位

在设计文字内容之前，首先要明确产品的目标和定位。了解产品的受众群体、所涉及的非物质文化遗产元素以及传达的核心信息是非常重要的。文字内容应根据目标定位和受众需求来编写，以确保与产品的整体设计相一致。

（二）文化解释和故事

文字内容可以提供相关的文化解释、导览和故事以增强受众对非物质文化遗产的理解和体验。这些内容可以涵盖非物质文化遗产的历史背景、特点、传承过程、象征意义等方面内容。通过生动的描述和引人入胜的故事，读者可以更好地了解和感受非物质文化遗产所承载的文化内涵和价值。

（三）信息准确性和简洁性

文字内容应保持准确性和简洁性。使用准确的词语和术语，避免使用模糊或歧义的表达。文字要简明扼要地传达核心信息，避免冗长的描述。在有限的空间内，通过精练的文字表述，将重要的信息传递给读者，使其能够快速被理解和吸收。

（四）语言风格和读者导向

文字内容的语言风格应与产品的定位和目标受众相匹配。可以根据产品选择或正式或亲切的语言风格，以吸引读者的兴趣并引起共鸣。同时，要注意以读者为导向，考虑他们的背景知识和阅读习惯，确保文字内容易于理解。

（五）多媒体结合和互动性

文字内容可以与其他媒体形式相结合，如图像、音频、视频等，以提供更丰富的阅读体验。通过结合多种媒体形式，可以增加文字内容的互动性和吸引力，使读者能够更全面地了解和体验非物质文化遗产。

第四节 | 非物质文化遗产旅游文创产品的实物要素设计

非物质文化遗产旅游文创产品的实物要素设计涉及产品的物理形态、材质、造型、颜色、图案等方面，通过合理的设计和选材，可以呈现非物质文化遗产的独特韵味和文化内涵。

一、材质选择

选择与非物质文化遗产相关的材质，以体现其传统性和特色。例如，对于陶瓷类非物质文化遗产，可以选择陶土作为主要材料；对于纺织品类非物质文化遗产，可以选择纯棉或丝绸等适合的材质。材质的选择应与产品的定位和受众需求相匹配，以达到良好的触感和质感。

（一）陶瓷类材质

陶瓷是一种常见的与非物质文化遗产相关的材质，特别适合表达陶瓷艺术的传统和独特之处。可以选择各种类型的陶土作为主要材料，如瓷土、红陶土、青瓷土等。陶瓷制品可以通过釉料的选择和施釉技术的运用，展现非物质文化遗产的独特风格和艺术特征。陶瓷制品具有质感、光泽和触感，能够给人以高雅和精致的感受。

（二）纺织品类材质

对于与纺织品相关的非物质文化遗产，合适的纺织材质可以突出其传统工艺和纹样特点。纯棉、丝绸、麻布等天然纤维材质适用于制作纺织品类产品。纯棉具有柔软、舒适的触感，透气性好，适用于衣物、家纺等产品。丝绸则具有光泽、滑润的质感，适合用于制作面料、围巾等。选择合适的纺织品材质，可以体现非物质文化遗产的精细工艺和独特纹样。

（三）木材类材质

木材是一种常见的与非物质文化遗产相关的材质，尤其适合表达木工艺和木雕艺术的特点。可以选择不同种类的木材，如楠木、黄花梨木、紫檀木等。不同的木材具有不同的纹理和颜色，可以通过木材的选择和处理方式，展现非物质文化遗产的独特风格和艺术特征。木材制品具有自然、温暖的触感，能够给人以稳重和质朴的感受。

（四）金属类材质

金属是一种常用的材质，可以用于表达非物质文化遗产中金属工艺和金属制品的特点。不同的金属材质均具有其独特的质感、光泽和重量感，能够突出金属工艺的精湛和非物质文化遗产的独特风格。金属制品可以通过雕刻、铸造、锻造等工艺进行加工，呈现出精细的纹饰和造型，体现非物质文化遗产的技艺和艺术价值。

（五）皮革类材质

对于与皮革工艺相关的非物质文化遗产，可以选择适合的皮革材质，如牛皮、羊皮等。皮革制品具有柔软、耐用的特点，可以通过雕刻、烫金、刺绣等工艺进行装饰和处理，展现非物质文化遗产的传统和精湛技艺。皮革制品可以用于制作包包、鞋子、手套等，具有高级感和质感，给人一种高品质和时尚之感。

（六）石材类材质

在表达与石雕或石刻相关的非物质文化遗产时，可以选择适合的石材作为主要材料。常见的石材包括大理石、花岗岩、砂岩等。石材具有坚硬、耐久的特点，适合用于雕刻和刻字。通过选择合适的石材材质，以呈现非物质文化遗产的雕刻技艺和独特之美。

总而言之，选择适合的材质是非物质文化遗产旅游文创产品实物要素设计中的重要考虑因素。通过选择与非物质文化遗产相关的材质，可以更好地传达其传统性和特色，增加产品的文化内涵和吸引力。同时，还应考虑可持续性、质量、安全性、可加工性和装饰性等因素，以确保产品的品质和用户体验。

二、造型设计

非物质文化遗产旅游文创产品的实物造型设计，涉及以下七个方面的内容。

（一）文化元素融入

将非物质文化遗产的关键元素融入产品的实物造型中，使之能够直观地表达文化特色和独特之处。

（二）传统与现代融合

在实物造型中巧妙地结合传统的文化元素与现代审美，创造出具有吸引力的独特造型设计。

（三）材料选择

选择与文化遗产相关的材料，如传统的手工艺材料或当地特有的材质，以强调产品的地域性和文化性。

（四）造型创新

通过创新的造型设计，将传统元素进行重新诠释，创造出独特且引人入胜的产品外观。

（五）符号与象征

运用符号、象征等设计元素，将文化的深层含义融入实物造型中，引发游客深入思考和联想。

（六）环保和可持续

在造型设计中考虑材料的环保性，避免使用对环境有害的物质，符合可持续发展原则。

（七）用户体验优化

在实物造型设计中考虑游客的感官体验，从触觉、视觉、听觉等多个角度优化设计。

综合考虑以上因素，实物造型设计可以帮助非物质文化遗产旅游文创产品更好地传达文化内涵，吸引游客，并促进文化传承与旅游体验的融合。

三、尺寸和比例

在实物要素设计中，尺寸和比例的选择是至关重要的。根据产品的功能和使用场景，确定合适的尺寸大小，以确保产品的实用性和便携性。同时，要注意产品各个部分之间的比例关系，使整体设计更加协调美观。

（一）功能和使用场景

产品的尺寸应根据其功能和使用场景来确定。首先，要明确产品的用途，考虑用户在使用过程中的需求和便利性。例如，对于一个手持的导览设备，尺寸应该足够小巧、轻便，便于操作；而对于一个展示架或装饰品，尺寸可以相对较大，以突出其观赏性和展示效果。

（二）实用性和便携性

在选择尺寸时，要平衡产品的实用性和便携性。产品应该具备合适的尺寸，以满足用户的需求并方便携带。例如，对于一个旅游导览地图册，尺寸应当足够大，以容纳详细的地图信息；同时，也要考虑到用户的携带便利性，可以选择折叠或便携式设计。

（三）比例关系和协调性

产品的各个部分之间的比例关系至关重要，对于整体设计的美观性和协调性起着重要作用。要确保产品的各个部分在尺寸上保持相对均衡，避免出现过大或过小的部分，使整体看起来不协调。同时，要注意产品的比例与非物质文化遗产的特点和风格相符合，以突出其传统和独特之处。

（四）可读性和可视性

对于涉及文字或图像的产品，尺寸的选择应确保其可读性和可视性。文字应具有足够的大小和清晰度，以便用户能够轻松阅读和理解。图像和图案应选择适当的尺寸和比例，使其在产品上展示出明确的细节和良好的视觉效果。

（五）用户体验和人体工学

在选择尺寸时，还要考虑用户体验和人体工学原则。产品应根据用户的人体尺寸和操作习惯来确定合适的尺寸。例如，手柄或握把的尺寸应与用户的手形相匹配，以为用户提供舒适的握持体验。

（六）可定制性和灵活性

有些非物质文化遗产旅游文创产品可能需要考虑个性化和定制化的需求。在尺寸和比例的选择上，要考虑产品的可定制性和灵活性。不同用户可能有不同的尺寸需求，因此产品的设计应充分考虑这一点，并提供可调节或可定制的选项，以满足不同用户的需求。

（七）材质和造型的关联性

尺寸和比例的选择应与产品的材质和造型相匹配。例如，对于一个陶瓷杯子，尺寸应该适中，与陶瓷的质感和手感相协调。同样的，对于一个木制工艺品，尺寸应与木材的纹理和特性一致。通过合适的尺寸和比例选择，可以使产品的实物要素与非物质文化遗产的特点相呼应，呈现出更加统一和协调的整体效果。

（八）视觉效果和空间利用

尺寸和比例的选择还涉及产品的视觉效果和空间利用。产品的尺寸要符合视觉美感的要求，避免过大或过小的不平衡感。此外，还要考虑产品在使用或展示时所占用的空间大小，以确保与环境的协调和适应性。

（九）包装和展示

产品的尺寸和比例也需要考虑其包装和展示的需求。在产品的设计过程中，要考虑产品的包装方式和陈列方式，以保证产品的完整性和美观性。尺寸和比例的选择要考虑产品的包装材料和陈列空间的要求，确保产品能被有效地展示和呈现。

总之，在非物质文化遗产旅游文创产品的实物要素设计中，尺寸和比例的选择需要综合考虑功能性、实用性、美观性、可定制性和与非物质文化遗产的关联性等因素。合理的尺寸和比例设计可以提升产品的整体质感、用户体验和视觉效果，使产品更加符合用户需求并具备独特的文化特色。

四、文化符号和象征

运用非物质文化遗产中的符号和象征，增加产品的文化内涵和特色。可以借鉴传统艺术形式中的符号和象征意义，将其应用到产品的设计中。通过符号和象征的运用，使产品具有更深层次的文化含义和故事性，进一步吸引消费者的兴趣。

（一）形式的创新

在非物质文化遗产旅游文创产品的实物要素设计中，形式的创新是一种重要的设计方法，通过现代设计语言和创新的形式表达方式，重新演绎和诠释传统文化的符号和象征，以创造出独特而富有现代感的产品形象。

在形式的创新中，设计师可以运用各种设计手法和技术，对传统符号进行改变、简化、抽象或重新组合，以使其符合现代审美。以下是一些具体的设计方法和考虑因素。

1. 改变形态

通过改变传统符号的形态，使其更贴合现代审美。例如，可以对传统的花纹图案进行简化，去除繁杂的细节，使其更具几何感和简洁性。或者可以通过变形、扭曲或重组传统符号的形状，创造出富有动感和流畅感的现代化形象。

2. 抽象化处理

通过抽象化处理，将传统符号转化为抽象的形式，使其更具现代感和艺术性。这可以通过简化线条、几何化处理或采用抽象的图案构成来实现。抽象化的处理方式可以减少对细节的依赖，注重形式和结构的表达，从而创造出更具象征性和表现力的设计效果。

3. 组合和重构

通过组合和重构传统符号，创造出新的形象和意义。可以将多个传统符号组合，以形成全新的符号和象征。这种方法可以突破传统符号的限制，创造出更具创意和个性化的设计效果。同时，还可以通过重新构造符号的结构和排列方式，使其更符合现代审美的要求。

4. 多样化的尺度和比例

在形式的创新中，可以运用多样化的尺度和比例，以打破传统符号的固定形式。可以通过放大、缩小、扩展或重复等手法，创造出与传统符号不同的视觉效果。这样的处理可以使产品更具视觉冲击力和个性化，吸引消费者的注意力。

5. 创新的材质和工艺

除了形态的创新，材质和工艺的创新也是形式创新的重要组成部分。可以运用现代的材料和工艺技术，使传统符号更好地融入现代产品中。例如，在陶瓷制品中运用 3D 打印技术，可以实现更复杂的形状和纹理效果。或者使用先进的数控切割技术，将传统图案雕刻在金属或木材表面，增加产品的质感和现代感。通过创新的材质选择和工艺处理，可以为传统符号赋予全新的表现形式，使其与现代文化和审美相融合。与此同时，设计师在进行形式创新时，还要确保产品仍然具有良好的实用性和功能性。符号和象征的改变和创新不应影响产品的基本功能和使用体验，还要为其增添更多的文化内涵和情感价值。

此外，考虑产品的目标受众和市场定位也是重要的。形式的创新应基于对目标受众需求和偏好的理解。通过研究目标受众的文化背景、审美观念和消费趋势，设计师可以更好地把握创新的方向和形式的表达，确保产品在市场上具有吸引力和竞争力。

形式的创新是非物质文化遗产旅游文创产品实物要素设计中的重要环节，通过运用现代设计语言和创新的形式表达方式，重新演绎和诠释传统文化的符号和象征，可以创造出独特而富有现代感的产品形象。在进行形式创新时，设计师应灵活运用各种设计方法和技术，同时考虑产品的功能性、实用性，以及目标受众和市场定位，以实现设计的有效传达并提高产品的商业价值。

（二）材质与工艺的结合

在非物质文化遗产旅游文创产品的实物要素设计中，材质与工艺的结合是一项关键任务，它能够带来独特的产品效果和文化体验。通过选择合适的材质并结合传统工艺，可以突出非物质文化遗产的特色和价值，同时融入现代元素，创造出与众不同的产品形象。

首先，选择合适的材质是实现材质与工艺结合的基础。设计师可以根据非物质文化遗产的特点和要表达的符号与象征意义，选择与之相关的材料。例如，对于与陶瓷工艺相关的非物质文化遗产，可以选择陶土作为主要材料。陶土具有适宜的可塑性和耐高温特性，可以通过陶瓷工艺进行成型、上色和烧制，展现出独特的陶瓷艺术魅力。

其次，结合传统工艺和现代技术，可以创造出独特的产品效果。现代科技的发展为实物要素设计带来了更多的可能性。例如，可以将 3D 打印技术与传统陶瓷材质相结合，实现复杂的形状和纹理效果，同时保留传统陶瓷工艺的独特魅力。这种结合可以突破传统陶瓷制作的限制，实现更加自由和创新的设计。

再次，还可以将现代材料与传统工艺相结合，创造出新颖而富有现代感的产品。例如，结合金属材料和传统金属工艺，可以实现精细的铸造和雕刻效果。通过运用现代的数控切割技术，可以将传统文化的符号和象征雕刻在金属材料上，增加产品的质感和现代感。这种结合不仅丰富了产品的材质层次，还展现了传统工艺与现代工艺的结合之美。

最后，在实施材质与工艺的结合时，还应注重工艺的选择和处理。不同的工艺可以为产品赋予不同的纹理、质感和装饰效果。例如，可以将传统的刻、雕、绘等工艺应用在现代材料上，创造出精致的纹饰和细节。同时，还可以结合现代工艺，如数控雕刻、激光切割等，以实现更精准、更复杂的图案和形态。

材质与工艺的结合是非物质文化遗产旅游文创产品实物要素设计中的重要方面。

通过选择合适的材质、将传统工艺和现代技术相结合，并注重特殊处理和考虑可持续性，可以创造出独特而具有现代感的产品形象，展现非物质文化遗产的独特魅力和文化价值。

（三）整体设计的统一性

在非物质文化遗产旅游文创产品的实物要素设计中，整体设计的统一性是非常重要的，它能够确保产品的视觉效果和美感，并传达出清晰而丰富的文化信息。

1. 符号和象征的选择

在整体设计中，选择合适的符号和象征是关键步骤。这些符号和象征应与非物质文化遗产的特点和文化内涵相契合，并能够有效地传达出特定的文化信息。设计师应对非物质文化遗产进行深入研究并充分理解，选择与之相关的符号和象征，以确保整体设计具有文化的准确性和鲜明性。

2. 符号和象征的排列与组合

在整体设计中，符号和象征的排列与组合至关重要。设计师应根据产品的形状、大小和功能等因素，灵活运用符号和象征进行布局，以营造出协调和谐的视觉效果。可以考虑符号之间的相互呼应、平衡和对比，以及其与产品其他要素（如文字、图像等）之间的关联和配合，以实现整体设计的统一性。

3. 颜色的运用

颜色是整体设计中非常重要的元素，它能够直接影响产品的视觉效果和氛围。在选择颜色时，要考虑符号、象征的意义和文化背景，并与产品的整体色彩调性相协调。可以通过运用相似色调、对比色或互补色等颜色关系，达到整体设计的统一性和平衡性。

4. 材质和质感的搭配

材质和质感是实物要素设计中的重要考虑因素。设计师应根据产品的特点和定位，选择与之相匹配的材质，并结合符号和象征进行搭配。材质的选择和质感的表现方式可以进一步强化产品的文化内涵和独特性。例如，对于具有古典文化意义的产品，可以选择木质材料和质朴的质感，以展现出传统、典雅的整体设计风格。

5. 字体和排版的一致性

在设计中，字体和排版也是整体设计的重要组成部分。设计师应选择合适的字体，以与产品的主题和文化内涵相匹配，并确保在整体设计中保持一致性。一致的字体和排版风格能够提升产品的专业感和美感，使整体设计更加统一和有序。设计师可以考虑使用与非物质文化遗产相关的传统字体或特定风格的字体，以突出产品的文化背景和风格特点。此外，排版应注意行距、字间距和对齐方式的统一，以保持整体设计的协调性。

6. 比例和尺寸的平衡

在整体设计中，比例和尺寸的平衡是至关重要的。设计师应根据产品的功能和形态特点，合理选择符号和象征的大小和比例。符号和象征的尺寸应与产品的整体尺寸相协调，以避免出现过大或过小的不协调现象。同时，不同符号和象征之间的比例关系也需要谨慎处理，以确保整体设计的平衡和美观。

7. 情感共鸣和用户体验

整体设计不仅要求视觉上的统一性，还包括产品与用户之间的情感共鸣和体验。设计师应考虑目标受众的文化背景和情感需求，以确保整体设计能够引起用户的共鸣和兴趣。通过营造舒适、愉悦和富有情感价值的设计，可以增强用户与产品之间的情感连接和互动性。

总而言之，要实现非物质文化遗产旅游文创产品的实物要素设计中的整体设计的统一性，需要综合考虑符号和象征的选择、排列与组合，颜色的运用，材质和质感的搭配，字体和排版的一致性，比例和尺寸的平衡，以及情感共鸣和用户体验等因素。通过精心的策划和设计，可以创造出协调统一、具有鲜明文化特色和引人注目的旅游文创产品。

第五章

非物质文化遗产旅游文创产品的品牌建设

第一节

非物质文化遗产旅游文创产品品牌建设的概念和特点

第二节

非物质文化遗产旅游文创产品品牌建设的步骤和方法

第三节

非物质文化遗产旅游文创产品品牌建设的实践案例

第一节 | 非物质文化遗产旅游文创产品品牌建设的概念和特点

一、非物质文化遗产旅游文创产品品牌建设的概念

非物质文化遗产旅游文创产品的品牌建设涉及以下五个方面的概念。

（一）独特性与识别性

要打造独特的品牌形象，使产品在市场中与众不同，易于被识别和记忆。

（二）文化特色突出

品牌形象应能够准确传达产品所蕴含的非物质文化遗产的特色和价值。

（三）情感共鸣

品牌建设要创造出能够引发游客情感共鸣的元素，让他们与产品产生深刻的情感联系。

（四）故事叙述

通过品牌故事，将产品背后的历史、文化和传承意义传递给消费者，增强品牌的故事性和情感感染力。

（五）品牌名称与标志

精心选择与非物质文化遗产相关的品牌名称和标志，确保能够直观地反映产品的文化特色。

通过精心的品牌建设，非物质文化遗产旅游文创产品能够树立独特的形象，赋予产品深厚的文化内涵，吸引游客并推动文化的传承和发展。

二、非物质文化遗产旅游文创产品品牌建设的特点

非物质文化遗产旅游文创产品品牌建设是指在非物质文化遗产保护和传承的基础上，将其与旅游业相结合，通过创意设计和品牌建设，推出具有独特文化内涵和旅游体验的产品。

（一）独特性

非物质文化遗产具有独特的历史、文化和艺术价值，品牌建设要突出非物质文化遗

产的独特性，通过创新的设计和表达方式，使产品具有独特的文化内涵和风格。

（二）传承性

品牌建设要注重非物质文化遗产的传承性，尊重传统工艺和技术，将传统元素与现代设计相结合，实现传统文化的传承和创新，使产品既能保留传统的特色，又能适应现代市场的需求。

（三）故事性

非物质文化遗产背后通常有丰富的历史和文化故事，品牌建设要通过产品设计和宣传推广，对这些故事进行诠释和传达，使消费者能够深入了解非物质文化遗产的背景和内涵。

（四）互动性

品牌建设要注重与消费者的互动，通过设计创意的互动体验和参与活动，使消费者能够与非物质文化遗产“亲密接触”，增强他们对产品和品牌的情感认同和参与体验。

（五）社会价值

非物质文化遗产旅游文创产品品牌建设不仅要追求经济效益，更要具备社会价值。品牌建设要注重可持续发展，保护非物质文化遗产，促进地方经济和文化发展，带动就业和地区发展。

（六）多元化

品牌建设要多元化，通过推出多样化的产品线和服务，满足不同消费者的需求，扩大品牌的影响力和市场份额。

（七）文化创意

品牌建设要注重文化创意，通过设计创新、艺术表达等方式，赋予产品独特的艺术性和创意性，提升品牌的美感和审美价值。

总的来说，非物质文化遗产旅游文创产品品牌建设旨在将非物质文化遗产与旅游业相结合，通过创意设计和品牌建设推出独特的文化体验产品。其特点包括独特性、传承性、故事性、互动性、社会价值、多元化和文化创意。品牌建设要注重突出非物质文化遗产的独特性，同时传承和创新传统文化，通过故事讲述和互动体验吸引消费者的参与并获得认同，追求可持续发展并带动地方经济和地区发展。多样化的产品线和文化创意的设计使品牌具有更高的艺术性和创意性，有助于提升其美感和审美价值。这些共同构建了非物质文化遗产旅游文创产品品牌建设的概念和特点。

三、非物质文化遗产文创产品品牌建设现状

从整体上看，目前国内非物质文化遗产文创产品（以下简称“非遗文创”）品牌建设正在起步，处于逐步上升阶段，尚未形成领头品牌，大多数非遗文创忽视了文创品牌的创建、培育和保护，部分非遗文创企业缺乏品牌意识，为了谋取短期利益，轻视品牌的可持续发展，未能将丰富的区域文化资源优势转化为优势的文化产业品牌，总体主要存在以下五个方面的不足。

（一）品牌化进程缓慢

国内非遗文创的品牌化进程相对较慢，品牌的定位和差异化表达不够明确，未能满足消费者多样化的需求。部分非遗文创企业缺乏品牌意识，只追求短期利益，而忽视了品牌的可持续发展。

（二）文化价值挖掘不足

在品牌建设过程中，未能充分发掘非遗文化的价值，导致品牌缺乏文化特色和独特性。文化资源没有被充分利用、品牌的文化内涵和价值没有得到凸显，无法形成优势文创品牌。

（三）缺乏品牌设计创新

一些非遗文创品牌的设计创新不足，仅仅是对传统文化符号进行拼贴或堆叠，缺乏深度思考和与生活场景的融合。品牌的设计没有突破传统的束缚，缺乏与当代消费者的深层连接。

（四）品牌传播推广渠道有限

目前非遗文创品牌的传播推广主要依赖线下活动和传统零售渠道，对新媒体的利用不足，缺乏有效的品牌传播策略和渠道，限制了非遗文创产品的市场推广和销售范围。

（五）缺乏整体品牌建设战略

部分非遗文创企业缺乏长期的整体品牌建设战略，只注重短期效益而忽视了品牌形象的塑造和可持续发展，缺乏独特的文化特色和品牌形象，不能满足当代消费者对品牌的需求。

国内非遗文创品牌建设目前面临着品牌化进程缓慢、文化价值挖掘不足、品牌设计创新不足、传播推广渠道有限以及缺乏整体品牌建设战略等挑战。为了促进非遗文创品牌的发展，需要加强品牌意识、挖掘文化价值、注重设计创新、拓展传播渠道、制定整体品牌建设战略，以更好地保护和传播非遗文化。

第二节 | 非物质文化遗产旅游文创产品品牌建设的步骤和方法

非遗文创品牌的建设和发展已经成为推动非物质文化遗产传承和文化创意产业发展的重要趋势。相对于商业品牌，非遗文创品牌需要注重挖掘和构建品牌的文化内涵，并将其融入品牌特色、表现形式、形象设计和消费者体验中。

一、品牌创建——通过 IP 思维塑造非遗文创品牌

品牌形象在非遗文创品牌建设中起着重要的作用。通过 IP 思维塑造非遗文创品牌形象，即将非遗文创故事化，并以符合当下潮流的新形象进行创新设计成为当前的一种发展趋势。品牌形象不仅是一个新名字和新包装，它还需要与非遗文创品牌的独特内涵和价值相吻合，并通过系统的、多维的表现形式和载体，满足不同消费者的需求。IP 思维在非遗文创品牌形象塑造中具有以下五个方面的重要作用。

（一）故事化

将非遗文创本身故事化，通过讲述其背后的文化传承、艺术技巧和历史背景等故事，使品牌形象更加生动有趣，能够引起消费者的共鸣和好奇心。

（二）创新设计

采用符合当下潮流和消费者喜好的设计风格和元素，注重创新性的产品设计和包装设计，使非遗文创品牌形象与时俱进，更具吸引力和竞争力。

（三）增强市场竞争力

通过 IP 思维塑造的非遗文创品牌形象能够与其他竞争品牌区分开，建立自身的独特品牌形象，提高市场竞争力，吸引更多消费者关注和选择。

（四）提升受众忠诚度

通过故事化的品牌形象和创新设计，能够赋予非遗文创品牌情感共鸣，提升用户认同感，增强受众的品牌认知和忠诚度，使其成为品牌的忠实拥护者和传播者。

（五）完美表现品牌形象

IP 思维能够将非遗文创品牌形象完美地表现出来，通过精心策划的营销活动、广告宣传和线上线下的推广手段，将塑造的品牌形象有效传达给目标受众，提升品牌的知名度和影响力。

通过IP思维塑造非遗文创品牌形象可以使品牌更具吸引力，增强市场竞争力，提升受众忠诚度，并最终将塑造的品牌形象完美地展现出来。

二、品牌定位——通过用户思维建立品牌关联

品牌定位是建立品牌形象并与目标市场建立关联的过程，通过用户思维建立品牌关联可以更好地满足消费者的需求，强化品牌与消费者之间的连接。对非遗文创品牌而言，品牌定位应该注重以下五个方面。

（一）市场细分与目标市场选择

进行市场细分，将品牌产品分别归属于不同市场，并选择适合的目标市场。了解不同市场的消费需求，针对性地进行品牌策划，有助于精准定位品牌形象和目标市场。

（二）市场调查与消费者洞察

进行市场调查，深入了解消费者的真实想法和需求。通过调研、分析消费者的喜好、行为和心理需求，确定品牌的核心产品需求、情感需求和心理诉求。

（三）用户思维与品牌关联

以用户思维为导向，将消费者放在品牌策划的核心位置，理解他们的期望和价值观，从而与他们建立关联。通过与消费者的双向互动，包括用户调研、用户体验设计和用户反馈等，满足消费者的需求，建立品牌关联，增强消费者对品牌的信任和认同。

（四）个性化定制和创新设计

针对不同目标市场和消费者需求，提供个性化定制和创新设计的非遗文创，将当下流行的元素融入产品设计中，如嘻哈、动漫、手机游戏、表情包等，同时结合非遗传统文化元素，打造独特的品牌形象和产品特色。

（五）新媒体品牌推广

利用新媒体平台进行品牌推广，如社交媒体、短视频平台等，以吸引年轻消费者的关注和参与。通过创意的内容营销和品牌故事讲述，增加品牌的曝光度和影响力。

通过以上策略，非遗文创品牌可以更好地确定自己在市场中的位置，满足消费者的需求，并与他们建立深入的品牌关联。同时，注重个性化定制和创新设计，利用新媒体平台进行品牌推广，可以扩大品牌影响力，提高品牌的知名度和用户的认可度。

三、品牌传播——借助非遗跨界，提升品牌力

品牌传播是品牌力塑造的主要途径，品牌传播的最终目的是要发挥创意的力量，利用各种有效发声点在市场上形成品牌声浪。跨界，就是突破群体的专业壁垒和认知边

界，在未知的新领域创造新的可能性和发展空间，本质是整合与融合，在不同专业之间、不同领域之间、不同文化之间构建起聚合文化效应。跨界是非遗发展的新趋势，为非遗文创品牌建设创造出无限可能。具体措施如下。

（一）整合非遗跨界创新生态圈

品牌传播是非遗文创品牌建设中至关重要的一环，借助非遗跨界合作可以提升品牌力，创造更广阔的发展空间。通过跨界合作，可以激活多种产品开发形式，将功能与形式更好地结合，重新将非遗文创品牌元素与当代消费者的“衣食住行”需求相联结。

在跨界合作中，设计师可以与非遗传承人合作，将非遗元素融入现代时尚、家居、饮食等领域的产品设计中，打造具有非遗特色的创意品牌。例如，非遗文创品牌阿牛阿呷将彝族传统元素融入时尚服装设计中，实现了非遗与时尚的有机结合，其作品在中国国际时装周上亮相，引起了广泛的关注和反响，展现了非遗文化的魅力和设计师的才华。

借助新媒体载体如直播、短视频、创意广告等，可以更好地展示非遗文创品牌的文化魅力和传承人的才华。通过创意的内容营销和品牌故事讲述，吸引消费者的关注和参与，提升品牌的知名度和受众的认可度。通过多样化的品牌传播手段，将非遗文化的价值和魅力传递给更多的人，扩大品牌的影响力和市场占有率。

此外，还可以建立非遗跨界创新生态圈，促进非遗文化和文创产业融合发展。通过与其他行业的合作，如旅游、艺术、音乐、科技等行业，共同打造创新性的非遗文创产品，创造出更多具有非遗元素的创意作品。这种跨界合作不仅可以为非遗文创品牌带来更多的合作机会和创新思路，也可以为其他行业注入非遗文化元素，丰富了整个文创产业的创作力和市场竞争力。

总之，通过跨界合作和创新，非遗文创品牌可以拓展更广阔的市场，提升品牌竞争力。通过与设计师、传承人以及其他行业的合作，将非遗元素与现代需求相结合，并借助新媒体传播，展示品牌的文化魅力和独特性，吸引消费者的关注和认同。通过品牌故事的讲述和创意内容的营销，打造非遗文创品牌的独特形象和个性，塑造品牌的故事和情感连接，使消费者对品牌产生情感认同，提高消费者对品牌的忠诚度。

（二）与当下热点合作

品牌传播在非遗文创品牌建设中起着至关重要的作用。借助非遗跨界合作，可以进一步提升品牌竞争力，拓展品牌在市场中的影响力和知名度。一种有效的方式是与当下热点合作，通过非物质文化遗产的传统元素与现代热点的碰撞，创造出具有时尚感和现代感的文化创意产品。

通过与热门电影、社会热点事件等合作，非遗文创品牌可以将非遗元素与当代社会的关注热点相结合，使产品更具吸引力。例如，与动漫行业合作，可以将非遗元素融入动漫角色的设计中，创造出独特的非遗文创动漫形象；与餐饮行业合作，可以将非遗传统美食与现代餐饮文化相结合，创造出具有独特口味和创意的非遗文创美食；与美妆行业合作，可以将非遗元素融入化妆品包装设计中，打造出独特的非遗文创美妆品牌；与服装行业合作，可以将非遗传统服饰元素与现代时尚设计相结合，创造出独特的非遗文创服装品牌。

这种跨界合作不仅能够激发品牌的创新设计思维，还能够拓展非遗文化创意品牌的辐射领域。通过与不同行业的合作，将非遗文化元素应用到更多领域的产品中，满足不同消费者的需求，增加品牌的市场吸引力。同时，通过多种品牌传播方式，如广告、宣传活动、社交媒体等，展现非遗文创品牌的文化魅力和独特性，吸引更多目标受众的关注和参与。

通过与当下热点合作，非遗元素与现代热点的碰撞，创造出具有时尚感和现代感的文化创意产品，并通过多种品牌传播方式展示其文化魅力，拓展品牌在市场中的影响力和知名度。这样的合作不仅能够激发品牌的创新设计思维，还可以为非遗文化创意品牌带来更多的市场机遇和商业合作。非遗文化的独特性和历史传承经验与现代热点的融合，将为品牌注入新的活力和创意，吸引更广泛的消费者群体。

四、品牌推广——多渠道多形式提升品牌知名度

品牌推广是使品牌形象得到广大消费者广泛认同的系列活动过程，其目的是提升品牌知名度。加强非遗文创品牌的推广可以通过线上线下相结合的方式。线下展览和创意活动可以激发消费者购买兴趣，深化用户对非遗文创品牌的认识；线上品牌推广可以扩大传播范围，以新颖的形式和手段对非遗文创品牌进行推广，满足不同消费者的需求。

（一）借助新媒体进行线上品牌推广

新媒体以其便捷性、多样性和互动性的特点，为品牌传播提供了更广阔的平台和更多的传播方式。非遗文创品牌可以利用新媒体的力量，通过各种线上渠道吸引消费者的关注，并传播品牌的价值和文化内涵。

首先，建立相关的网站，这是推广非遗文创品牌的重要手段之一。通过建设与非遗文创相关的学习、传播和交流网站，品牌可以在网上展示其独特的文化内涵、工艺制作过程和相关视频，为品牌与消费者搭建一个交流的平台。这样的网站可以提供品牌故事、产品信息、文化资料和互动活动，以吸引消费者的参与和关注。

其次，借助移动互联网的发展，非遗文创品牌可以开发与移动设备兼容的应用程序（App）和公众号，以更便捷的方式向消费者传递品牌信息。通过这些移动互联网平台，品牌可以展示非物质文化遗产的技术资料、传承人的作品、品牌的价值等内容，吸引用

户的兴趣并与用户进行互动。

最后，寻求与第三方平台的合作也是非遗文创品牌推广的有效策略之一。品牌可以与各类第三方平台合作，通过整合社会资源和实现非遗跨界合作，将非物质文化遗产与其他行业的创新实践相结合，推动非遗文创品牌的传播和推广。例如，可以与电子商务平台合作，将非遗文创产品推广至更广泛的消费者群体中，通过在线销售渠道扩大品牌的知名度和市场份额。

借助新媒体进行线上品牌推广对于非遗文创品牌建设具有重要意义。通过建立相关网站、开发移动应用程序和公众号及与第三方平台合作，非遗文创品牌可以更好地传递品牌的价值和文化内涵，吸引消费者关注和参与。这将为品牌带来更广阔的市场机遇和商业合作，推动非遗文创品牌发展。同时，借助新媒体的互动性，品牌可以与消费者进行实时互动并获得反馈，提升消费者对品牌的参与感和忠诚度。

（二）开发线下产业，丰富品牌体验营销

首先，开发品牌实体店铺。实体店铺中可以设计不同功能区，包括产品参观、体验学习、节目展演、自由购物等，以满足消费者多样化的需求。通过实体店的参观体验，消费者可以了解非遗文创产品的制作过程，参与手工制作活动，增加与品牌的互动和情感连接。此外，实体店可以与线上品牌推广相结合，形成一个统一的品牌形象系统，提升品牌的整体感知度和认可度。以故宫开发的咖啡馆为例，该实体产业以展示传统建筑独特魅力为基础，将传统文化和现代生活完美融合，在产品命名和氛围营造方面巧妙地融入了宫廷元素，吸引了大量消费者前来体验、品尝具有宫廷特色的咖啡和蛋糕。

其次，借助数字技术丰富品牌线下体验也是一个重要的发展方向。利用虚拟现实技术、增强现实技术等先进的数字技术，可以为非遗文创品牌提供全新的展览展示服务方式。通过虚拟现实技术和增强现实技术，可以创造出身临其境的非遗文化体验，让观众在虚拟环境中感受非遗技艺的魅力。这种数字化的体验方式可以激发观众的兴趣和参与度，让非遗文创品牌更加贴近大众生活，并且可以通过数字技术的互动性，提供更多个性化的体验和参与方式，增加品牌与消费者之间的互动和情感联系。

通过开发品牌实体店铺和借助数字技术丰富品牌线下体验方式，可以丰富非遗文创品牌的体验营销。实体店铺提供参观、体验学习、节目展演等多种功能，增加与消费者的互动和情感连接；而数字技术的应用则可以通过虚拟现实技术和增强现实技术创造更丰富的非遗文化体验，吸引观众的兴趣和提升其参与度。

五、非遗文创品牌维护

非遗文创品牌担负着非遗传承的责任，在市场经济的环境下，一个良好的品牌形象

是一个企业在激烈竞争中生存的重要资本，非遗文创品牌尤其应该重视品牌维护。非遗文创企业应该增强品牌维护意识，将品牌维护意识贯彻于品牌建设整个过程中，构建系统的、可持续的品牌发展维护体系。

（一）品牌发展的自我维护

品牌的自我维护对于非遗文创品牌的发展至关重要，涵盖了品牌设计、注册、宣传、内部管理以及打假等各个方面的品牌运营活动。在品牌创立阶段，就应该考虑并贯彻品牌的自我维护思想。

首先，在品牌设计中，要注重打造独特的品牌形象和标识，确保与其他品牌的差异化，并符合消费者的认知和喜好。品牌标识应该具有辨识度高、易于记忆和传播的特点。同时，在品牌注册过程中，要确保遵守相关法律法规，保护品牌的知识产权，防止恶意抄袭和侵权行为的发生。

其次，在品牌宣传方面，要通过多种渠道和媒体，积极传播品牌的独特价值和文化内涵。品牌宣传活动应注重策划和执行，确保传递的信息准确、一致且具有吸引力。通过有效的品牌宣传，可以提升品牌的知名度和认可度，提升消费者对品牌的关注度和忠诚度。

再次，品牌的内部管理也是品牌自我维护的重要方面。企业应建立健全品牌管理体系，制定相关规章制度，加强内部员工对品牌的理解和认同感，培养员工对品牌的归属感和责任心。同时，注重品牌文化建设，打造具有品牌特色的企业文化，以提升员工的工作积极性和团队凝聚力。

最后，在防伪打假和品牌秘密保护方面，非遗文创品牌需要足够重视并采取相应的措施。通过采用合理的防伪技术和标识，防止假冒伪劣产品的出现，保护消费者的权益和品牌的声誉。同时，要建立完善的品牌秘密保护措施，防止关键技术和商业机密被泄露，保持品牌的竞争优势和核心价值。

品牌的自我维护对于非遗文创品牌的发展至关重要。通过注重品牌注册、设计、宣传、内部管理和打假等各个方面的工作，以及加强产品质量、技术创新和品牌形象塑造，可以促进品牌的持续发展和市场竞争力的提升。这些自我维护措施将为非遗文创品牌赢得更广泛的认可和支持，实现长期稳定的品牌发展。

（二）品牌发展的法律维护

品牌的法律维护主要包括商标权的获得和保护、驰名商标的法律保护、证明商标与原产地名称的法律保护，以及品牌受侵害时的反保护措施。

首先，商标权的获得和保护是品牌法律维护的基础。品牌应及时申请商标注册，确保品牌的独立性和独特性，并获得商标法的保护。商标注册的程序和要求因国家或地区而异，企业需要根据所在国家或地区的相关法律规定，完成商标注册程序，确保品牌的合法权益。

其次，驰名商标的法律保护是品牌法律维护的重要手段之一。驰名商标是指具有较高知名度和影响力的商标，享有更广泛的法律保护。非遗文创品牌可以通过积极宣传和市场推广，提升品牌知名度，申请驰名商标的认证，以获得更强更有力的法律保护。

再次，证明商标与原产地名称的法律保护也是非遗文创品牌法律维护的重要方面。在一些非遗文创产品中，品牌的名称可能与特定的原产地名称相关联。为了保护品牌的合法权益，品牌所有者可以通过相关的法律程序，证明品牌商标与原产地名称的合法关联性，并获得相应的法律保护。

最后，品牌受侵害时的反保护措施也是非遗文创品牌法律维护的重要环节。当品牌受到抄袭或假冒等侵权行为时，品牌所有者可以采取法律手段维权，保护品牌的合法权益，包括通过起诉、申请临时禁令、索赔等方式，追究侵权方的法律责任，以维护品牌的声誉和市场地位。

非遗文创品牌的法律维护涉及商标权的获得和保护、驰名商标的法律保护、证明商标与原产地名称的法律保护，以及品牌受侵害时的反保护措施。品牌所有者应充分认识到品牌法律维护的重要性，并与专业的知识产权律师或顾问合作，确保品牌的合法权益得到充分保护。

（三）品牌发展的经营维护

经营维护是指企业在具体的营销活动中采取一系列行动，旨在维护品牌形象、保护品牌市场地位，并不断提升品牌的价值和影响力。

首先，经营维护需要顺应市场变化并迎合消费者需求。随着社会和消费环境的变化，非遗文创品牌需要及时了解市场趋势和消费者喜好，调整产品定位和创新设计，以满足消费者的需求。可以通过市场调研和用户反馈，了解消费者的喜好和需求，调整产品策略，不断推出符合市场需求的新产品和服务。

其次，经营维护要注重产品质量。优质的产品是品牌成功的关键因素之一。非遗文创品牌应致力于保持产品的高质量和良好的制作工艺，确保产品的稳定性和可靠性。通过严格的质量管理和生产过程监控，确保产品符合消费者的期望，并建立品牌声誉。

再次，维护品牌形象也是经营维护的重要方面。品牌形象是指品牌在消费者心目中的形象和认知，直接影响消费者对品牌的信任和忠诚度。非遗文创品牌应注重品牌形象的塑造和传播，通过有针对性的品牌宣传、广告和市场活动，展示品牌的独特价值和文化内涵，树立品牌的正面形象。

最后，经营维护还可以通过品牌的再定位来提升品牌的价值。随着市场和竞争环境的变化，非遗文创品牌可以根据市场需求和消费者反馈，对品牌进行再定位。通过重新定义品牌的目标受众、产品和市场定位，提升品牌的竞争力和市场份额。再定位可以通过产品创新、品牌传播和市场推广等方式来实施，以适应变化的市场需求和消费者喜好。

通过迎合消费者需求、保护产品质量、维护品牌形象以及品牌的再定位等品牌经营维护措施，非遗文创品牌可以不断提升品牌的价值和影响力，确保品牌在市场中的竞争优势和市场地位。这些经营维护措施需要企业在日常经营中不断加强，同时紧跟市场环境和消费者的需求进行变化。

在非物质遗产传承的国家发展战略的指导下，在文旅融合背景下，结合区域发展特点，把非物质文化遗产与文化创意产业结合起来，发展非遗文创品牌，强化品牌影响力，彰显品牌的灵魂和个性，用品牌的视觉形象把积淀下来的文化传播给消费者，提高非遗文创的文化附加值和品牌影响力，既需要政府的统筹和支持，更需要企业不断深入市场，不断在市场中践行，勇于创新，探索品牌发展的有效路径。

第三节 | 非物质文化遗产旅游文创产品品牌建设的实践案例

南京剪纸作为南京市的非物质文化遗产，拥有丰富的历史文化资源。它于 2008 年入选国家级非物质文化遗产扩展项目名录，并获得国家抢救性保护和传承人保护措施的支持。南京市工艺美术大楼设有剪纸工艺大师工作室、剪纸传承人工作室、剪纸培训所和剪纸作品展销室，为剪纸传承和培训提供了专门的场所。然而，仅仅依靠剪纸作品的创作发展是不够的。南京剪纸文创产品的开发是将文化遗产延伸为特殊产品的方式，通过非正式教育和文化传播等手段，向消费者提供非物质文化遗产的信息并传播其内涵。目前，南京剪纸文创产品在产品形式和种类上进行了改进并取得了一定的成绩，而在品牌建设和产品开发方面还存在不足，尚未达到预期的效果。

一、各地剪纸艺术特征及品牌建设现状

国内各地剪纸艺术具有丰富多样的特征和风格。以下是对一些地方剪纸艺术特征和品牌建设现状的概述。

（一）河北蔚县剪纸

河北蔚县剪纸以刀工精细、色彩浓艳而闻名。在产业开发中，蔚县注重保护与发展

的有机结合，建立了专业团队挖掘蔚县剪纸的文化内涵。他们注重产品创新，通过不断开发新的设计和形式，形成了自己的品牌［图 5-1（a）］。

（二）山东高密剪纸

山东高密剪纸的造型稚拙，风格淳朴，线条刚劲挺拔，金石味浓厚。然而，高密剪纸在产业发展中尚未形成规模效益，衍生品开发程度较低，缺乏活跃的市场化运作机制，面临着发展规模和市场运作的挑战［图 5-1（b）］。

（三）黑龙江方正剪纸

黑龙江方正剪纸具有明显的地域特色，其艺术特点包括造型大胆、自然灵动、形神兼备。然而，在产业开发中，方正剪纸企业主要以小作坊的形式存在，面临着资金、技术、管理等方面的不足，缺乏稳定的发展方向［图 5-1（c）］。

不同地区的剪纸艺术具有各自独有的特征和风格。在品牌建设方面，一些地方注重创新和文化内涵的挖掘，建立了专业团队并形成了品牌。然而，也有一些地方在产业发展中仍面临一些挑战，如规模效益小、衍生品开发少和市场化运作程度低等。因此，进一步加强品牌建设和市场推广，提升剪纸艺术的知名度和影响力，对于各地剪纸艺术的发展具有重要意义。

（a）河北蔚县剪纸　　（b）山东高密剪纸　　（c）黑龙江方正剪纸

图 5-1　各地剪纸图例

（四）江苏南京剪纸

江苏南京剪纸最早被用作刺绣花样，后多用于装饰婚嫁等喜庆特殊的日子。其艺术特征为“花中有花，题中有题，粗中有细，拙中见灵”。南京剪纸结合南北两方剪纸特点，既有乡土气息，又包含了强烈的装饰风格。其中花样以喜花和斗香花最为著名，其内容丰富，寓意美好，深受人们喜爱。

南京剪纸现阶段品牌建设面临的挑战如下。

1. 统一的设计团队和专业开发力量不足

南京剪纸的品牌建设尚未形成与其密切相关的文创品牌。设计力量分散，开发力量相对不足，无法将丰富的文化资源转化为优势的文化产业品牌。虽然已有一些剪纸文创产品的开发尝试，但缺乏统一的设计团队，未进行系统性和专业性的开发，导致产品设计较为零散。

2. 创新形式和开发品种相对单一

目前，南京剪纸文创产品的开发多为简单的图案应用，创新形式相对单一，开发品种较少。常见的应用形式包括将剪纸纹样应用于瓷器、布艺、包装图案、书签、装饰画等设计中。随着新媒体的发展和信息技术的普及，剪纸艺术可以从传统的二维形式作品逐渐过渡到让用户有参与体验的设计作品。

3. 广泛的传播推广渠道有待开发

南京剪纸的文创产品目前主要通过零售商店进行销售和推广，如南京设计廊和夫子庙的“秦淮礼物”文创店。由于地域性较强，许多文创产品仅在当地推广与销售，缺乏更广泛的传播推广渠道。为了加大推广力度、拓宽推广渠道，南京剪纸需要与新媒体结合，利用微博、微信、抖音、小红书等进行传播，打破传统的时间和地域的限制，形成新的经济增长点，提高品牌效益。

南京剪纸的品牌建设面临着统一的设计团队和专业开发力量不足、创新形式和开发品种相对单一、传播推广渠道有待开发等挑战。可以通过建立统一的设计团队、拓宽产品创新和开发领域、加强新媒体的运用以及寻求更广泛的传播推广渠道，进一步提升南京剪纸品牌的知名度和影响力，发掘文化的产业价值，促进相关产业的发展。

二、南京剪纸文创品牌的开发重点

（一）增强品牌意识，建立品牌视觉识别系统

南京剪纸作为一种传承已久的技艺，其中凝结的是传承者几十年如一日的工匠精神，这是南京剪纸人文精神所在，也是不能丢失的品牌价值。南京剪纸文创产品的品牌作为一个符号，与南京剪纸的人文精神一同储存于消费者头脑中，品牌是唤起他们记忆的线索。打造南京剪纸文创品牌的最终目的，是通过提供利益优势，谋求与消费者产生长久而紧密的利益联系，获得他们的长期偏好与忠诚。

1. 增强品牌意识

南京剪纸蕴含着几十年如一日的工匠精神和独特的人文精神。作为一个文化符号，南京剪纸文创品牌与南京剪纸的人文精神共同储存在消费者的头脑中。通过提供利益优势，南京剪纸文创品牌可以与消费者建立长期而紧密的利益联系，获得他们的偏好和忠诚。借鉴其他成功的传统手工艺品牌，如法蓝瓷和朱炳仁·铜的经验，明确品牌理念与文化内涵，提高品牌辨识度。

2. 组织专业的设计团队

为了打造南京剪纸文创品牌，需要组织专业的设计团队，提取南京剪纸最具特色的遗产元素，如习俗、传说、历史遗迹和地理环境等，挖掘其中的历史文化和艺术价值，并讲述其背后的故事。通过设计，唤起人们对人性的关注，增加人文情怀和品牌的故事性，为消费者创造个性化体验，引发消费者情感上的认同。

3. 建立品牌视觉识别系统

设计符合南京剪纸文创品牌的视觉识别系统，以品牌标志的设计为核心，塑造南京剪纸文创品牌在大众心中的独特印象。通过视觉形象传达与品牌相关的产品特色、品牌形象和品牌文化等信息，加强消费者的共鸣，建立品牌与消费者的深度关系。这包括设计标志性的品牌标识、色彩方案、图案元素等，以使消费者在市场中能够快速识别并联想到南京剪纸文创品牌。

（二）产品创新，跨界发展

目前，南京剪纸文创产品种类与形式较少，设计力量分散，文创品牌开发力量不足，产品创新要在文化先行的基础上寻找多种创新形式，为品牌注入新元素，以适应现代生活需求。积极寻求各种跨界发展，在视觉、文化、品质与性能等方面开发打动人心的产品，不仅能使消费人群重新认识并关注传统艺术品，给非物质文化产业带来发展的动力，而且无形之中也是对非物质文化的一种传播。

1. 物质媒介跨界发展

通过活化产品开发形式，将功能性与形式美相结合。可以借鉴台湾剪纸艺术家吴耿祯与爱马仕橱窗设计的合作案例，他将传统剪纸艺术的灵感演变为时尚的装饰符号，突破了传统剪纸的二维形式。类似的创新可以通过与其他品牌或设计师的合作来实现，通过注入新元素，赋予南京剪纸文创产品更多的时尚感和创意性。

2. 剪纸与其他文化资源跨界

与景区、地方民俗活动、特殊节日等文化资源联合，设计特定的文创产品。南京剪纸的喜花文化是一种特色形式，可以将其与南京的传统节庆活动相结合，创作出具有特殊节日意义的剪纸作品。这样的合作能够丰富南京剪纸的形式和内涵，使其与当地文化更紧密地联系在一起，吸引更多消费者的关注并获得认可。

3. 与当下热点合作

考虑与当前热门话题和社会事件合作，满足消费者对新鲜感的需求。南京剪纸具有独特的地域特色和传统的艺术形式，在产业化进程中可能存在同质化的趋势。为了在市场中脱颖而出，可以探索与热门电影、社会事件等合作，结合当下热点创作新颖的文创产品。这种跨界创新合作和实用性设计可以提高文创产品的市场化水平，为消费者提供符合他们喜好的文创产品和服务，使南京剪纸品牌更加广为人知。

通过以上创新和跨界发展，南京剪纸文创品牌可以不断吸引消费者的关注，提升品牌的知名度和影响力。重视产品创新和跨界合作，可以为南京剪纸文创产业带来新的发展机遇，同时也有助于传播非物质文化遗产的魅力和价值。

（三）借助新媒体与科技力量加强品牌推广

相对于传统媒体来说，新媒体是在新科技背景下出现的一种媒体形态，有较强的传播快捷性、与人互动性、多元化与新颖性以及大众性与平等性等特点。

1. 建立网上销售点

南京剪纸文创产品可以通过建立网上销售点，如电子商务平台、官方网站或社交媒体商店等，实现在线销售，以突破地域限制，扩大销售范围，吸引更多潜在消费者的关注并购买。

2. 利用社交媒体

南京剪纸文创品牌可以积极利用微博、微信、抖音等社交媒体平台，建立品牌官方账号，通过定期发布相关内容，包括产品介绍、制作过程、文化背景等，吸引粉丝关注并与他们互动。通过社交媒体平台，品牌可以更直接地与消费者进行交流，了解他们的需求、征集反馈意见，为消费者提供更加个性化的服务。

3. 利用科技力量

借助物联网、大数据等科技手段，可以实时追踪消费者的行为和偏好，了解他们的购买习惯和兴趣，以更好地定位市场并进行精准营销。南京剪纸文创品牌可以利用这些技术来优化产品推广策略，提供个性化推荐，增强消费者与品牌之间的互动，提高消费者的忠诚度。

4. 挖掘年轻一代消费群体

通过新媒体和高科技的运用，南京剪纸文创品牌可以更好地吸引年轻一代消费群体的关注。可以通过与他们常用的社交媒体平台合作，制作有趣、富有创意的推广内容，增加品牌的曝光度，提高品牌在年轻群体中的知名度和影响力。

5. 创造民俗艺术新生态环境

借助新媒体与科技力量加强品牌推广，南京剪纸文创产业可以形成一个新的生态环境。这有助于加强对剪纸艺术的传承与保护，促进文化的创新与发展，吸引更多的人参与南京剪纸这项传统非物质文化遗产的保护，并推动整个行业发展繁荣。

第六章

非物质文化遗产旅游文创产品的营销策略

第一节 | 非物质文化遗产旅游文创产品营销的概念和特点

一、非物质文化遗产旅游文创产品营销的概念

非物质文化遗产旅游文创产品营销是指在非物质文化遗产旅游产业中，通过创意设计和文化创意的方式，将非物质文化遗产与旅游体验相结合，打造具有文化内涵和创新元素的产品，并通过市场推广和销售，吸引游客等消费者的关注和参与。这种营销形式旨在通过创造性地运用非物质文化遗产，将传统文化融入旅游体验和文创产品中，创造出具有独特魅力和吸引力的产品，提升非物质文化遗产的传承和保护价值，促进旅游业的发展和文化产业的繁荣。

在非物质文化遗产旅游文创产品营销中，有如下五个重要的方面需要考虑并实施。

（一）创意设计

创意设计是非物质文化遗产旅游文创产品营销的核心。通过创意设计，可以将传统的非物质文化遗产与现代时尚和艺术相结合，创造出独特的产品形式和外观，包括在产品造型设计、材质选择、色彩运用等方面的创新。创意设计不仅能够使产品具有吸引力和竞争力，还能够传达非物质文化遗产的独特价值和文化内涵。

（二）旅游体验

旅游体验是非物质文化遗产旅游文创产品营销的关键要素。旅游体验是指游客在旅游过程中获得的感知、互动和参与体验。对于非物质文化遗产旅游文创产品而言，通过设计丰富多样的旅游体验，能够使游客更加深入地了解非物质文化遗产的独特之处。这可以通过参与式活动、互动展览、工艺体验、传统表演等方式来实现，从而增加游客的参与度和情感共鸣，提升产品的吸引力和市场竞争力。

（三）市场推广和销售

市场推广和销售是非物质文化遗产旅游文创产品营销的重要环节。通过有效的市场推广和销售策略，可以将产品的独特价值和吸引力传递给目标消费者群体，提高产品的知名度和市场占有率。可以通过广告宣传、社交媒体营销、公关活动、参展参会、合作推广等方式，同时利用线上渠道，如电子商务平台、社交媒体等，扩大产品的传播面。

（四）建立合作关系

建立合作关系也是非物质文化遗产旅游文创产品营销的重要策略之一。可以与相关的旅游机构、文化机构、商业企业等建立合作关系，共同推广和销售产品。例如，与旅行社合作，将文创产品生产基地纳入旅游线路中；与博物馆合作，举办展览和活动；与零售商合作，销售产品等。这样可以借助合作伙伴的资源和渠道，扩大产品的影响力和市场覆盖面。另外，可以通过客户关系管理和个性化营销，提高客户满意度和忠诚度；通过收集客户数据，了解客户的需求和偏好，进行个性化的营销推广和服务，使客户感受到个性化关怀、获得专属体验，增加产品复购率和品牌口碑传播。

（五）定期进行市场调研和竞争分析

了解市场趋势和竞争态势，及时调整营销策略和产品定位，持续创新和更新产品，以符合不断变化的消费者需求和市场趋势。

总之，非物质文化遗产旅游文创产品营销需要综合运用创意设计、旅游体验、市场推广和销售、建立合作关系、个性化营销等策略和手段，打造具有文化内涵和创新元素的产品，以吸引游客等消费者的关注和参与。这可以促进非物质文化遗产的传承与保护，推动旅游业的发展和文化产业的繁荣。

二、非物质文化遗产旅游文创产品营销的特点

非物质文化遗产旅游文创产品营销具有以下九个方面的特点。

（一）文化融合

该营销形式将传统的非物质文化遗产与现代旅游体验相融合，通过创意的设计和创新的表达方式，展现非物质文化遗产的独特魅力和文化内涵。它不仅实现了对传统文化的传承与保护，还融入了现代时尚、艺术和设计元素，满足了当代消费者对多样化、个性化和创新性的需求。

（二）创意设计

该营销形式注重对非物质文化遗产的创意设计，通过艺术性、审美性和实用性的结合，创造出具有独特个性和吸引力的产品。创意设计使产品与众不同，能够突出其文化特色和创新元素，吸引消费者的关注和兴趣。

（三）旅游体验

非物质文化遗产旅游文创产品注重为游客提供丰富多样的旅游体验。通过参与式活动、互动展览、工艺体验等方式，让游客能够亲身感受和体验非物质文化遗产的魅力。旅游体验的独特性和个性化能够提升消费者的参与度和情感共鸣，增强产品的吸引力和

市场竞争力。

（四）文化传承与创新

该营销形式旨在对非物质文化遗产进行传承和创新。通过与现代时尚、艺术和设计相结合，赋予传统文化新的活力和内涵。通过创新的方式展示传统文化的魅力，吸引更广泛的受众和消费者，从而推动非物质文化遗产的传承与保护。

（五）故事性和情感共鸣

非物质文化遗产旅游文创产品通过讲述非遗背后的故事和文化内涵，引发游客的情感共鸣和好奇心及探索欲。产品的故事性和情感共鸣能够激发消费者对产品的兴趣和购买欲望，提升他们对产品的认同感和忠诚度。

（六）市场推广和传播

该营销形式需要通过有效的市场推广和传播手段，将产品的独特价值和吸引力传递给目标受众。这可以通过广告宣传、社交媒体营销、公关活动、线上线下活动等方式进行。通过精确的定位和针对性的推广，将产品的特点和优势准确传达给目标消费者，提高产品的知名度和影响力。

（七）多元化的销售渠道

非物质文化遗产旅游文创产品的销售渠道需要与时俱进，结合线上和线下渠道，拓展多元化的销售平台。除了传统的实体店面销售外，电子商务平台、社交媒体、旅游景点等都可以成为产品销售的渠道。通过与旅游景点、博物馆、文化机构等建立合作关系，将产品销售与旅游目的地相结合，以吸引更多的游客等消费者。

（八）目标市场的精准定位

在营销过程中，需要对目标市场进行精准定位，以了解目标消费者的需求、兴趣和购买行为。通过市场调研和数据分析，确定目标市场的特点和潜在消费群体，制定相应的营销策略和推广方案。同时，要关注年轻一代消费者的兴趣和消费趋势，针对他们的特点和需求进行产品设计和营销，以吸引更多年轻消费者的关注和参与。

（九）与合作伙伴的共同发展

非物质文化遗产旅游文创产品营销需要与相关机构、企业和组织建立合作关系，实现资源共享和优势互补。可以与旅游景点、博物馆、文化机构等合作，借助其场地、资源和品牌影响力，扩大产品的曝光度和知名度；与设计师、艺术家、制作工坊等合作，共同创作和推广文创产品，实现创新和创意的结合。

非物质文化遗产旅游文创产品营销具有文化融合、创意设计、文化传承与创新、故事性和情感共鸣、市场推广和传播等特点。通过充分发挥这些特点，可以吸引更多的游客等消费者，促进非物质文化遗产的传承与保护，推动旅游业的发展和文化产业的繁荣。

第二节｜非物质文化遗产旅游文创产品营销策略的分析和制定

一、文化发掘

在文化的发掘过程中，一方面要能够充分了解相关非物质文化遗产的内涵，并尝试对其经营模式作出新时期的探讨；另一方面要能够实现对产品本身的合理介绍，说明其中蕴含的文化底蕴。比如，某地区作为我国唐朝时期的经济中心和文化中心，唐朝的历史文化在这里得到了很好的传承，在当地相关的非物质文化遗产传承与弘扬过程中，可以通过对文创产品的开发和销售来达到宣传传统文化的目的，如蕴含着丰富非遗文化的丝绸扇面，可以通过加入唐俑的形态特征，使该产品本身即成为一个非物质文化遗产的宣传符号，而在后续的产品销售过程中，需要在相关的店铺店面以及宣传文案上，说明该产品的创作思路、所蕴含的文化背景和具体的创作手法，从而让最终制作出的文化产品可以实现良好的文化输出效果。

（一）研究文化内涵

在文化发掘过程中，需要深入了解相关非物质文化遗产的内涵和历史背景。通过对文化内涵的深入研究，可以准确把握非物质文化遗产的独特之处和文化要素。

1. 文献研究

通过查阅相关文献，如专著、研究报告等，了解非物质文化遗产的背景知识和相关信息。这包括对传统技艺、活动、仪式等的起源、演变和发展历史进行的研究，以及对与其相关的故事、传说和文化价值观念等的探索。

2. 实地调研

前往相关地区、社区或群体中进行实地调研，与相关从业者、传承人、当地居民等进行深入交流。通过观察、访谈和参与活动等方式，亲身感受和体验非物质文化遗产的真实面貌，并获取更多的知识和信息。

3. 口述传承

与非物质文化遗产传承人进行深入交流，记录并整理他们的口述内容。通过聆听他们的经验、故事和观点，理解非物质文化遗产的内在价值和传承意义，挖掘其中的文化符号、象征和哲学思想。

4. 博物馆和档案馆研究

利用博物馆和档案馆的资源，包括相关藏品、文物和档案资料。这些资料可能包含着非物质文化遗产的珍贵信息，如制作工艺、用途和历史背景等。通过深入研究和分析这些资料，可以发掘非物质文化遗产的多维度内涵。

5. 学术论坛和学者交流

参与学术论坛和学者交流活动，了解学术界对非物质文化遗产的研究成果和观点。与学者和专家进行交流，探讨非物质文化遗产的理论框架、研究方法和文化解读等内容，以获得更深入的理论支持和启发。

6. 多学科交叉研究

非物质文化遗产的研究需要借鉴多个学科的方法和理论。例如，人类学、民俗学、艺术史、社会学、地理学等学科可以提供不同的视角和研究方法，帮助发掘非物质文化遗产的内涵。通过多学科交叉研究，可以丰富对非物质文化遗产的理解，并深入挖掘其与其他文化现象和社会变迁的关系。

7. 社会参与和民众意见收集

与当地居民、游客和文化爱好者进行互动和交流，收集他们对非物质文化遗产的建议与意见。通过开展问卷调查、焦点小组讨论、社区会议等方式，了解社会大众对非物质文化遗产的认知和期望，从而更好地理解和发掘文化内涵。

8. 持续研究和交流

文化发掘是一个不断深化和完善的过程。研究者应当持续关注相关领域的最新研究成果和学术动态，与同行学者和从业者进行交流与合作，共同推动非物质文化遗产的研究和传承工作。

通过以上方法，可以全面而深入地发掘非物质文化遗产的内涵，为非物质文化遗产旅游文创产品营销策略的分析和制定提供坚实的基础和创新的思路。

（二）新时期的探讨和创新

在研究非物质文化遗产的基础上，需要对其经营模式进行探讨和创新。随着时代的变迁和消费者需求的变化，传统的非物质文化遗产需要与现代社会相结合，注入新的元素和理念，包括对产品形式、营销渠道、体验方式等方面的创新，以适应现代消费者的需求。

1. 创新产品形式

传统的非物质文化遗产以手工艺品、表演、文化活动等形式存在，而在新时期，可以通过创新的方式将其转化为更符合现代消费者需求的产品形式。例如，结合现代设计和技术，开发适应时尚潮流和具有实用性的文创产品，如服装、家居用品、饰品等。通过产品形式的创新，可以吸引更多的消费者关注和参与。

2. 拓展营销渠道

随着互联网的普及和电子商务的兴起，销售渠道已不再局限于传统的实体店面。在新时期，可以通过建立电子商务平台、社交媒体推广、线上营销活动等方式拓展销售渠道，同时利用在线社群、粉丝群体等形成更广泛的传播网络，提升非物质文化遗产的曝光度和市场影响力。

3. 创新体验方式

在新时期，消费者更加注重体验和参与感。因此，可以通过创新的方式提供与非物质文化遗产相关的体验活动，如工作坊、互动展览、体验式旅游等，以提升消费者对非物质文化遗产的参与度和情感共鸣，进一步激发他们对产品的兴趣和购买意愿。

4. 跨界合作与品牌联名

与其他行业或品牌进行跨界合作，可以为非物质文化遗产注入新的元素和理念，提升其市场影响力和时尚度。例如，与设计师、艺术家、时尚品牌等合作，推出联名款式或限量版产品，以吸引更多年轻消费者关注和购买。

5. 应用数字技术

数字技术的发展，为非物质文化遗产带来了更多的创新可能。例如，通过虚拟现实技术和增强现实技术，提供沉浸式的文化体验；通过移动应用程序开发，提供在线导观、文化解读和互动体验；通过社交媒体和在线平台，进行数字营销和推广。这些数字技术的应用可以提升非物质文化遗产的可视性和可亲近性，以吸引更多年轻一代的消费者参与和关注。

6. 社区参与合作

建立与当地社区和利益相关者的合作关系，促进非物质文化遗产的传承和发展。可以与当地手工艺者、艺术家、民间文化传承人等合作，通过共同参与项目、制作产品或举办活动，加强非物质文化遗产的本土性和可持续性。同时，通过社区参与的方式，使消费者更加了解和认同非物质文化遗产的价值，提升他们对产品的认同感和购买意愿。

7. 举办教育与传播活动

通过举办教育和传播活动，提高公众对非物质文化遗产的认知和理解。可以举办讲座、研讨会、展览等活动，向公众介绍非物质文化遗产的背景、特点和价值，引发公众的兴趣和参与热情。同时，可以通过媒体渠道和社交媒体平台，传播相关的故事、图片和视频，扩大非物质文化遗产的影响力和传播范围。

8. 持续创新和改进

非物质文化遗产的发掘和营销是一个不断创新和改进的过程，需要密切关注市场变化和消费者需求的变化，以及时调整和改进产品和营销策略。同时，与相关领域的专业人士和专家保持沟通合作，不断汲取创新灵感和技术支持，保持非物质文化遗产的活力和吸引力。

文化发掘在非物质文化遗产旅游文创产品的营销策略中起着重要的作用。通过深入研究文化内涵、进行新时期的探讨和创新，可以为非物质文化遗产注入新的活力和时代感，提升其市场价值和影响力。同时，与社区合作、数字技术应用、教育传播和持续创新等方法的运用，能够加强与消费者的互动，提升其参与度，实现非物质文化遗产旅游文创产品的营销目标。

（三）产品的合理介绍

在营销过程中，需要对文创产品本身进行合理的介绍，说明其中蕴含的非物质文化遗产的思想和价值。通过产品的设计和包装，以及相关的宣传材料，可以向消费者传达产品的文化内涵，引起他们的兴趣和共鸣。例如，在设计丝绸扇面时可以融入唐代的唐俑元素，使产品成为非物质文化遗产的宣传符号。

1. 设计与包装

产品的设计和包装是向消费者传达文化内涵的重要手段。可以通过在产品设计中融入与非物质文化遗产相关的元素、图案、符号等，突出产品的文化特色和独特性。同时，通过在包装设计中运用相关的文化元素，如传统图案、历史背景、非物质文化遗产的故事等，引起消费者的注意和兴趣。

2. 宣传材料

在产品的宣传材料中，可以详细介绍产品背后的文化故事、历史渊源、制作工艺等，通过文字、图片、图表等方式，向消费者传达非物质文化遗产的价值观念、美学理念和独特之处。可以使用生动的语言和具体的例子，以使消费者更容易理解和感受到产品的文化内涵。

3. 文化解读和故事讲述

除了宣传材料，还可以通过文化解读和故事讲述的方式，向消费者传递非物质文化遗产的思想和意义。可以组织讲座、工作坊或展览活动，邀请专家学者、艺术家或非物质文化遗产传承人讲述相关文化背景和故事，帮助消费者更深入地了解和认识产品的文化内涵。

4. 互动体验

为了加强消费者对文化内涵的亲身体验和理解，可以设计互动的体验活动。例如，举办工艺体验工作坊，让消费者亲身参与非物质文化遗产的制作过程，感受其独特魅力和艺术技艺。通过实际操作和亲身体验，消费者能够更深入地了解产品中所蕴含的非物质文化遗产的思想和价值。

5. 多媒体展示和虚拟体验

利用多媒体技术和虚拟现实技术，可以为消费者提供更加生动和丰富的文化体验。例如，通过影像展示、音频讲解、互动屏幕等形式的多媒体，展示非物质文化遗产的历史、制作过程和传承价值。同时，借助虚拟现实技术，可以让消费者沉浸在虚拟的文化环境中，亲身体验和感受非物质文化遗产的魅力和独特之处。

6. 社交媒体和数字平台

利用社交媒体和数字平台进行产品的合理介绍和文化传达是非常重要的。可以通过发布相关的文化内容、图片、视频等，向消费者展示产品的非物质文化背景和特色。同时，借助社交媒体的互动性，与消费者进行互动，如回答其问题、分享故事等，提升消费者的参与感和对品牌的认同。

7. 合作与展览

与其他文化机构、艺术家或品牌进行合作，参与相关的展览和文化活动，可以提升产品的知名度和品牌影响力。通过与其他相关领域的合作伙伴共同举办展览、艺术展或文化活动，将非物质文化遗产与当代文化相结合，吸引更广泛的受众群体，提升产品的曝光度和市场吸引力。

8. 教育和培训项目

通过开展教育和培训项目，向消费者传授相关的非物质文化遗产的知识和技能，提高他们的文化素养和认知水平。可以开设相关的课程、讲座或工作坊，让消费者深入了解非物质文化遗产的背景和意义，并通过实践活动培养其相关的技能和艺术表达能力。

通过以上方法和策略，对文创产品进行合理的介绍和文化传达，能够增加消费者对非物质文化遗产的兴趣和认同感，引发他们的情感共鸣，从而提高产品的市场吸引力和销售潜力。同时，有效的文化传达还能够加深消费者对品牌的认知并建立品牌形象，为品牌建立忠实的消费者基础。

（四）店铺店面和宣传文案

在产品销售过程中，可以通过店铺店面的布置和宣传文案的撰写来更好地说明产品的创作思路、文化背景和创作手法。店铺店面可以采用与非物质文化遗产相符的装饰风格和元素，营造浓厚的文化氛围。宣传文案可以详细介绍产品背后的文化故事和创作灵感，引发消费者的好奇心和情感共鸣。

1. 装饰风格

店铺的装饰风格应与非物质文化遗产相关，可以参考传统建筑、传统手工艺品的元素和样式。例如，采用传统的装饰图案、雕刻或绘画技法，或使用传统的材料和色彩，以展现非物质文化遗产的独特美感。

2. 展示和陈列

在店铺内，应合理陈列非物质文化遗产的文创产品，以吸引消费者的注意。可以对产品进行分类、组合，使用展柜、展示架和展示墙等陈列方式进行展示。同时，可以配以相关的图片、文字介绍和展品故事，帮助消费者更好地了解产品的背后故事和文化内涵。

3. 照明和音效

适当的照明和音效设计可以增强店铺的氛围和吸引力。通过巧妙的灯光设计，可以突出产品的特点和细节，营造出独特的视觉效果。音效上可以选择传统音乐、自然声音或与非物质文化遗产相关的音乐，营造出更加浓厚的文化氛围。

4. 互动体验

为消费者提供参与式的互动体验，可以提升他们对非物质文化遗产的亲密感和参与度。例如，设置体验区域或工作坊，让消费者亲身参与传统工艺品的制作或体验相关的文化活动。这样的互动体验能够增加消费者对非物质文化遗产的了解和认同。

5. 宣传文案

宣传文案是店铺宣传和营销的重要工具。通过精心撰写的宣传文案，可以详细介绍产品的创作思路、文化背景和创作手法，引发消费者的好奇心和情感共鸣。宣传文案应生动有趣、简洁明了，并能够传递非物质文化遗产的价值和意义。

通过精心设计布置店铺店面和撰写引人入胜的宣传文案，可以吸引消费者的注意和兴趣，提升他们对非物质文化遗产旅游文创产品的认知和购买意愿。同时，这些策略也有助于建立品牌形象、提升市场竞争力，使非物质文化遗产在当代社会中得到更广泛的传播和认可。

二、企业吸引

实际上，当前我国的大小博物馆已经开始借助对本身产品的文化探讨和分析，制作相关的文创产品，而其必然会和相关产品生产加工企业签订合作合同。在今后的非物质文化遗产文创作品开发过程中，也可以通过该模式，和企业之间建立长期的合作关系。另外，由于非物质文化遗产具有地域性，为了能够让相关的文化得到更好的输出，无论是国外输出还是国内输出，都需要由当地的政府部门牵头，为相关的产品设计、生产和加工企业提供一定的福利和制政策支持。

（一）建立战略性合作伙伴关系

企业可以与本地博物馆、非物质文化遗产保护机构等相关机构建立战略性合作关系。通过深入合作，企业能够获得更丰富的非物质文化遗产知识、资源和支持，从而为文创产品的开发提供坚实的基础。

（二）明确合作框架与细节

在建立合作关系后，企业应该制定详细的合作框架和合同。合作合同应准确界定双方的职责、合作方式、知识产权等细节，以确保合作的顺利进行并实现互惠互利。

（三）长期合作关系的建立

为了持续推动非物质文化遗产文创产品的创新与发展，企业可以与文创产品生产加工企业建立长期合作关系。通过长期合作，双方可以共同探索更深层次的合作机会，不断提升产品的品质、创意和市场竞争力。

（四）地方政府支持

非物质文化遗产具有地域性和文化独特性，为了能够更好地输出相关文化，企业可以寻求当地政府部门的支持。地方政府应提供相关政策支持，如资金扶持、场地提供、税收优惠等，以帮助企业在非物质文化遗产的开发和推广方面取得更好的成绩。

三、产品推广

产品的推广过程，可以借助当前我国重点文物的宣传方式，如制作专业性的电视节目，以让更多的年轻群体对非物质文化遗产产生更高的兴趣。比如，可以模仿节目《如果国宝会说话》，其通过天马行空的想象力将文物拟人化，同时使用现代计算机技术、现代冶金技术、专业人员的讲解等模式，对相关文物的制作背景、文化价值和所蕴含的文化背景进行说明。从取得的宣传效果上来看，大量年轻观众对这类文物产生了浓厚的兴趣。在非物质文化遗产的相关节目制作过程中，也可以通过制作小篇幅节目，并在短视频平台以及其他视频平台中播放，让更多的观众对相关的文化体系有更为全面细致的了解，并且产生兴趣。而在相关产品制作之后，对于某些特定性的代表物，观众会自主收集相应的产品信息，包括文创产品的设计路径、设计思路和设计要求等方面，企业以及相关的营销体系可以在此基础上对相关的信息进行整合和探讨。

（一）电视节目宣传

可以借鉴当前我国重点文物的宣传方式，制作专业性的电视节目来推广非物质文化遗产旅游文创产品。例如，可以模仿《如果国宝会说话》的节目形式，即通过拟人化的处理和现代技术的运用，生动地展现文物的制作背景、文化价值和相关文化背景。这样的节目可以吸引更多的年轻群体对非物质文化遗产产生兴趣，提高产品的知名度和市场影响力。

（二）短视频平台推广

利用短视频平台和其他视频平台播放小篇幅的非物质文化遗产相关节目，通过精心制作的短视频，向观众展示非物质文化遗产的魅力和独特之处，让观众对相关的文化体系有更全面、细致的了解，并产生兴趣。在短视频中，可以突出产品的设计路径、设计思路和设计要求，让观众对产品的信息有更深入的了解。

（三）社交媒体推广

通过社交媒体平台，如微博、微信公众号、抖音等，进行产品的推广和宣传。利用精美的图片和有趣的文案，向粉丝和关注者介绍产品的创作理念、文化内涵和特色。通过与用户的互动，引发他们的参与和分享，扩大产品的影响力和传播范围。

（四）合作与跨界推广

与其他行业或品牌进行合作与跨界推广，可以扩大非物质文化遗产旅游文创产品的受众群体。例如，与旅游机构合作开展主题活动、与时尚品牌合作推出联名款式等。这样的合作可以吸引不同领域消费者的关注和参与，提高产品的知名度和市场覆盖面。

（五）文化体验活动

举办文化体验活动是另一种有效的产品推广方法。通过组织参观考察、工艺体验、文化传统活动等形式，消费者可以亲身感受非物质文化遗产的魅力和独特之处。在活动中，可以将文创产品融入其中，让消费者亲自参与制作或体验相关产品，进一步激发他们的兴趣和购买欲望。

（六）品牌故事传播

通过讲述品牌故事，向消费者传达产品背后的文化内涵和价值观，可以通过文字、图片、视频等形式讲述产品的创作历程、独特之处、传统工艺的保护与传承等内容。品牌故事的传播可以提升消费者对产品的情感认同和忠诚度，形成品牌与消费者之间的情感纽带。

（七）口碑营销

通过口碑营销，利用消费者的亲身体验和评价来推广产品。通过提供优质的产品和服务，于消费者之间形成良好的口碑并进行推荐。借助社交媒体、在线评价平台等渠道，鼓励消费者分享使用体验和观点，扩大产品的影响力和认知度。

（八）承担社会责任

企业可以积极参与非物质文化遗产的保护与传承，与相关机构合作，共同承担社会责任。通过与非物质文化传承者、民间艺术家等合作，开展合作项目、培训活动等，展示企业的文化责任和关注，提升消费者对企业的好感和认可度。

（九）个性化定制和礼品赠送

针对特定客户群体或特殊场合，可提供个性化定制服务或赠送特别礼品。个性化定制能够满足消费者对独特和定制化产品的需求，增强对产品的独特性和个性化的体验。礼品赠送可以作为营销活动的一部分，以提升消费者对品牌的好感和记忆度。

通过以上产品推广方法的综合运用，可以提高非物质文化遗产旅游文创产品的知名度、吸引力和市场竞争力。同时，积极参与非物质文化遗产的保护和传承，能够展示企业的社会责任和关注，加强与消费者的情感联系，形成长久的品牌忠诚度和口碑效应。此外，不断探索创新的产品推广方法，并根据市场反馈和消费者需求进行调整和优化，能够使营销策略更加精准和有效。

四、营销方法革新

营销方法的革新是为了更好地吸引有购买意向的消费者，特别是年轻一代的消费者，他们对非物质文化遗产旅游文创产品表现出较高的兴趣。在营销方法的革新过程中，重要的是了解年轻消费者对文创产品的要求，并根据这些要求来设计和实施营销活动，以确保产品的销售水平。

首先，在营销方法的革新过程中，需要了解年轻消费者的亚文化思维和消费观念。这可以通过市场调研、消费者洞察和行为分析等方式来实现。了解年轻消费者的喜好、兴趣和价值观，有助于针对他们的需求开展精准的营销活动。

其次，营销方法的革新需要改革和建设相关的营销工作模式。这包括使用新的营销渠道和媒体，如社交媒体、微信小程序、短视频平台等，通过年轻消费者的常用媒体与其进行有效的互动并进行传播。同时，也要结合新技术和数字化工具，如虚拟现实技术、增强现实技术、在线购物等，提供更具互动性和体验感的购物体验。

再次，在营销活动中，重要的是制作符合年轻消费者亚文化思维的宣传文案和内容。这意味着需要将古代文化与现代语境和语义相结合，运用年轻人易于理解和接受的表达方式，以吸引他们的注意力和兴趣。这可以通过使用流行的词汇、音乐、图像和符号等来实现，以使年轻消费者更好地理解和认同产品的文化内涵。

最后，在营销方法革新过程中，建立和完善电子商务平台和线下门店的信息收集机制非常重要。通过这些渠道，可以收集消费者的反馈意见、购买行为数据等，进一步了解消费者的需求和偏好，并针对性地调整和优化产品和营销策略。

总之，营销方法的革新应重点关注年轻消费者的需求和消费观念，通过与他们的亚文化思维相匹配的营销活动和宣传文案，利用新的营销渠道和技术手段，以及建立有效的信息收集机制，实现对非物质文化遗产旅游文创产品的成功营销。

第三节 | 非物质文化遗产旅游文创产品营销策略实践案例

非物质文化遗产作为人类文明的重要见证者，在中华民族的历史长河中扮演着重要的角色。《“十四五”非物质文化遗产保护规划》明确指出对非物质文化遗产的保护与发展，强调要以创新的方式传承和发展中华优秀传统文化。在这一背景下，牙舟陶作为贵州省的非物质文化遗产，具有独特的地域民族风格，可以通过创新的传播方式在新时代寻求突破。

目前，牙舟陶的销售渠道主要依赖线下实体店，受到旅游业受挫的影响，牙舟陶面临着传播困境。为了突破这一困境，可以借鉴盲盒的消费形式，将牙舟陶打造成非物质文化遗产文创盲盒，以吸引年轻消费者的关注。盲盒作为一种备受年轻人追捧的消费形式，具有极强的包容性，可以将不同样式的牙舟陶产品以盲盒的形式进行销售，以增加消费者的期待和惊喜，同时将牙舟陶的文化内涵和历史价值传递给更广泛的群体。

通过与其他文化创意产品的联合盲盒销售，牙舟陶可以获得更多的曝光和关注，进一步拓展市场。同时，借助社交媒体和电商平台的力量进行线上推广和销售，可以提升产品的可见度和知名度。此外，通过与旅游景点和文化活动的合作，将牙舟陶纳入旅游线路和文化体验中，可以提升产品的附加值和吸引力。

通过借鉴盲盒的消费形式和年轻人的消费趋势，将牙舟陶打造成非物质文化遗产文创盲盒，可以为牙舟陶的传播带来新的思路和机遇。结合线上线下的多渠道推广，牙舟陶可以更好地突破传统的销售模式，拓展市场，提升品牌的知名度和影响力，实现非物质文化遗产的传承与创新发展。

一、非物质文化遗产牙舟陶文化创意产品的特点

牙舟陶经历了从日常用品到艺术陶瓷，再到文化创意产品的转型过程。最初，牙舟

陶主要用作日常生活用品，如烟斗、泡菜坛、盐辣罐等。20 世纪 20 年代，牙舟陶不仅在本地及邻省销售，还远销海外。然而，随着工业革命的深入，廉价耐用的塑料和不锈钢制品的出现严重冲击了牙舟陶作为日用品的市场，导致牙舟陶产业急剧衰落，几乎失传。

到 20 世纪 80 年代，一批专业的美术工作者投身于牙舟陶的复兴。他们将现代的设计理念和审美观念融入牙舟陶的制作中，使其从日常陶器转变为艺术陶瓷，并重新焕发生机。如今，新一代的制陶手艺人积极吸收文化创意产品的设计思路，注重将民族文化元素融入牙舟陶的创作中。他们结合当代审美观念和市场需求，设计出更符合当代消费者需求的牙舟陶文化创意产品。

新一代制陶手艺人以布依族等民族文化作为设计亮点，以牙舟陶为载体，通过创意的设计和独特的制作工艺，将当地民族元素融入产品中。这些文化创意产品在设计上更加符合当代审美趋势，满足了消费者对独特而有文化内涵的产品的需求。通过这种创新和转型，牙舟陶焕发出新的活力，并在当下市场中受到越来越多消费者的青睐。

牙舟陶经历了从日常用品到艺术陶瓷，再到文化创意产品的转变。通过专业美术工作者的介入和新一代制陶手艺人的创新思维，牙舟陶成功融合了传统文化与现代审美观念，设计出了符合当代消费者需求的文化创意产品，为牙舟陶的发展注入了新的活力。

（一）少数民族气息浓厚

牙舟陶制陶人在产品构思过程中，特别注重挖掘当地少数民族的文化内涵，使牙舟陶成了一个浓郁的文化符号。他们通过产品设计，或者借鉴布依族蜡染、刺绣等代表性图案，或者从常见的花鸟鱼虫、飞禽走兽中获取灵感，还有一些抽象图案灵感来源于民间故事和民俗文化。这些设计思路都融入了当地少数民族同胞熟悉且与之息息相关的元素，极具地域民族特色。

以牙舟陶第九代传承人张禄洲创作的“布依山歌”系列为例（图 6–1），其灵感源于布依族的山歌文化，以人形为基础，塑造了身着布依族服饰、头戴布依族头巾的陶器形象。其中，一些人物在吹奏芦笙，另一些人物在弹奏牛骨胡，还有一些夸张地张大嘴巴仿佛在放声歌唱。这些形象生动活泼，生动展示了当地少数民族的服装特色以及当地人民在生产生活之外的丰富多彩的休闲娱乐活动。

图 6–1 牙舟陶“布依山歌”系列

通过挖掘少数民族文化内涵，牙舟陶成功地

将当地少数民族的特色和文化元素融入产品设计中，成为当地文化的重要代表。这种注重地域民族特点的设计思路，不仅丰富了牙舟陶的产品系列，还赋予了产品深厚的文化内涵，增加了消费者对牙舟陶的情感认同和喜爱。

（二）实用性与艺术性并存

牙舟陶的产品在艺术化的同时，延续了实用性的特点。当地人对牙舟陶的实用性给予了高度评价，如烟斗使用起来清爽舒适、泡菜坛能有效保持食物的新鲜、牙舟陶茶具能够长时间保存茶的香气等。这是牙舟陶在几百年来历史洗礼中形成的卓越口碑的体现。

牙舟陶的文化创意产品大多保留了生活用具的基础造型，如茶具、花瓶、烟斗等，并通过装饰性的创意设计赋予其艺术价值。制作上运用浮雕、内刻、手工捏塑等技法，展现出精巧的艺术效果。

例如，牙舟陶在杯具的设计中，将十二生肖动物或当地民间故事中的神兽形象制成杯把；在烟斗的设计上，巧妙地融合了灵动的猴子形象；而在花瓶的设计中，融入了成语“枯木逢春”的寓意，或将古籍《山海经》中的“巴蛇吞象”典故融入其中。这些精妙的设计构思使得牙舟陶文化创意产品既具备艺术性的表现，又能满足人们的实际使用需求。

牙舟陶的文化创意产品在实用性与艺术性方面成功结合，这种综合考量使得产品既能够给予人们美的享受，又能够满足实际生活中的需求。这样的设计理念和制作工艺，赋予了牙舟陶的文化创意产品独特的魅力和价值。

（三）古法技艺与现代技术交融

牙舟陶的制作过程包括成型、施釉和烧制三个主要步骤。传统的成型方式是通过手工拉坯造型，并进行贴塑、手工捏塑等装饰。釉料以米浆为悬浮剂，加上粉碎的玻璃作为基础釉，并加入灰、土、蓝、棕等颜料进行调配。烧制过程中使用木柴作为燃料，采用顺山势而建的爬坡窑进行烧制，烧窑温度依据制陶者的经验控制在约 1200℃。烧制后的牙舟陶釉色晶莹、厚糯温润，通过特殊调配的釉料在高温下发生意想不到的颜色变化，形成当地人所称的“窑变”；玻璃釉面则自然龟裂，形成各种变化多样的纹理，被当地人称为“冰裂纹”。

现代牙舟陶文化创意产品在成型阶段保留了传统的制作技艺，如纯手工捏制的十二生肖泥哨、手握杯和神态灵动的图腾摆件。同时，为了实现规模化生产，也使用定制的模具进行制作。无论通过何种方式塑型，最终呈现的牙舟陶文化创意产品都保留了传统牙舟陶在高温下出现“窑变”和“冰裂纹”的特点，以及朴质敦厚的风格。随着科学技术的进步，制陶人也积极采用现代技术，如气窑的烧制方式，可以精准控制烧制温度，提高产品的成品率。

通过将传统古法技艺与现代技术相结合，牙舟陶在文化创意产品制作中实现了生产过程的稳定高效。这种交融使得牙舟陶的制作更加灵活多样，同时保留了传统工艺的独特魅力，展现了古老文化与现代创新的完美结合。

二、网络传播营销与牙舟陶文化创意产品结合的可行性分析

牙舟陶文化创意产品是牙舟陶深厚内涵的现代化表现。这些体现在民族文化和制作技艺上的特点，使其在众多文化创意产品中具有天然的竞争优势。近年来，盲盒的包装设计及营销理念被许多文化创意产品品牌广泛应用，并取得了非常可观的传播效果，这为牙舟陶文化创意产品提供了可借鉴的思路。

（一）盲盒形式丰富消费者购买体验，网络营销助力文化创意产品出圈

盲盒最早源自日本的潮流玩具销售，通过包装内未知的神秘性和惊喜感吸引消费者购买。如今，盲盒已经发展成了一个展现不同文化的平台，可以让产品在消费者体验方面更具趣味性。

文化产品的营销与一般市场营销有所不同，强调满足消费者的心理和精神文化需求。文化市场营销注重提供具有文化价值和社会价值的产品和服务，以满足消费者的需求。在文创盲盒的营销中，文化创意产品的文化价值是营销的核心。

许多国内博物馆敏锐地抓住了盲盒的机遇，将文化创意产品与盲盒相结合，并通过网络传播营销进行知识科普和盲盒体验。他们成功将国家宝物重新带入年轻群体的视野中。例如，河南博物院推出的“失传的宝物”系列考古盲盒，将馆藏宝物模型制作成文化创意产品放入盲盒中，并通过搭配“洛阳铲”等道具让消费者亲身体验考古的乐趣。该系列产品在上市后通过网络媒体广泛传播，取得了巨大的成功，仅 5 天销售额就突破了 50 万元，成为现象级爆款产品。创新的设计赋予了开盲盒以新的意义，让消费者不仅享受打开过程中的乐趣，还能体验考古工作者的辛勤付出。

然而，“失传的宝物”系列考古盲盒之所以大受欢迎，根本原因还是文化创意产品本身的魅力。盲盒形式的新奇有趣只是吸引年轻群体关注的手段。盲盒所带来的感官体验和互动体验逐渐引发了消费者对文化创意产品的情感体验，让消费者产生更深层次的情感认同。因此，文创盲盒的成功在于产品本身传递的价值足够引发消费者的情感共鸣。

盲盒形式和网络营销为文化创意产品的营销带来了创新和活力。文化创意产品能够通过盲盒的神秘和互动性，以及网络营销的广泛传播和互动机制，吸引更多的消费者关注，提升其市场影响力，并实现更广阔的发展潜力。

（二）牙舟陶非物质文化遗产文化创意产品的价值体现

文化创意产品区别于普通商品和艺术品，承载着一定的文化内涵，同时兼具美观性与实用性。牙舟陶是布依族文化与汉族制陶手艺深度融合后的产物，陶器本身就是牙舟陶 600 年文化的载体。

首先，牙舟陶承载着布依族文化与汉族制陶手艺的深度融合，代表了布依族的文化传统和历史。通过制作和展示牙舟陶，人们可以感受到布依族的生活方式、审美观念和民族精神，加深对该文化的理解和认同。

其次，牙舟陶作为文化创意产品，注重体现艺术性和美观性。制陶匠人在设计和制作过程中，注重挖掘当地少数民族的文化内涵，运用各种装饰技法和图案元素，使牙舟陶呈现出独特的地域民族风格和艺术品质。牙舟陶的形态、色彩和纹饰都体现了匠人对美的追求和创造力的发挥。

再次，牙舟陶作为非物质文化遗产的延续，具有收藏价值。随着时间的推移，传统的牙舟陶变得越发珍贵，市场上的稀缺性也提高了其收藏价值。对于收藏家和文化爱好者来说，牙舟陶代表了一种历史和文化的传承，具有独特的收藏意义。

最后，牙舟陶作为实用的文化创意产品，兼具实用性和功能性。制陶匠人在产品设计和制作过程中注重实用性。例如，烟斗、泡菜坛、茶具等生活用具，能够满足人们的日常使用需求。同时，牙舟陶的制作工艺和釉色处理经过千百年的积累和传承，保证产品的质量和耐久性，使其在实用价值方面得到体现。

牙舟陶非物质文化遗产文化创意产品的价值体现在其承载布依族文化，并且与制陶手艺深度融合，呈现艺术性和美观性，增加收藏价值，以及兼具实用性和功能性。通过牙舟陶的传承和创新，人们能够欣赏其所带来的丰富文化内涵和多重价值体验。

三、网络传播营销特点

（一）多种触发类型联合，多角度激发消费者购买兴趣

盲盒产品的触发类型十分丰富，体现在以下几个方面。

首先，盲盒产品通过触发消费者内部的情感来吸引购买。盲盒的设计通常注重小巧精致或内涵丰富，以迎合消费者对品质生活的追求。这些产品可以作为装饰摆件放置在桌上或车上，体现消费者的生活情趣，激发他们对盲盒的购买兴趣。

其次，盲盒通过回馈型触发来吸引消费者。一些艺术设计类盲盒具有收藏价值，并在二级市场有较高的价值。品牌通常通过设置低廉的单价和少量的“隐藏款”来降低购买门槛，并增加盲盒的吸引力。当消费者以普通售价购买盲盒后，开出稀有的“隐藏款”时，不仅获得了特别的款式，还能在二手市场上以数倍的价格转卖，这种回馈形式

刺激了消费者的购买欲望。

最后，盲盒还通过人际型触发来吸引消费者。社交网络的便捷性为人际交流提供了平台。当消费者拆开盲盒并开出稀有款式时，他们可以在社交网络上分享自己的心情和成果。这种分享往往会影响围观者对盲盒的认知，激发其他消费者的兴趣，使他们也希望参与其中。

网络传播营销在推广盲盒产品时借助多种触发类型，通过多角度激发消费者的购买兴趣。这些触发类型包括消费者内部的情感触发、回馈型触发和人际型触发。品牌能够通过精心设计的盲盒产品和巧妙的传播策略，吸引更多消费者参与购买并推动产品的市场扩展。

（二）O2O 助力全渠道覆盖，丰富消费者购买场景

盲盒产品采用了双渠道的销售模式，即在线上和线下同时销售。在线上，盲盒产品通过入驻各大电商平台，如京东、淘宝、微信小程序等进行官方直售；同时还有专门的二手交易平台，如闲鱼、盲盒星球等供消费者交易购买。在线下，盲盒产品入驻大型商超的实体店铺，并且还提供无人零售机器等便利的购买渠道。这种线上到线下（O2O）双渠道销售模式能够满足消费者不同类型的购买场景需求。

在网络传播营销的助力下，消费者可以通过链接跳转到购物网站或微信小程序进行在线购买。同时，在线下购物时，他们可以在商场的实体店铺里找到盲盒产品，并购买同 IP 系列的手机壳、手机挂饰等相关配件。此外，消费者还可以通过二手交易平台查看相关资讯，与其他网友交换或购买自己没有的盲盒款式。通过多种渠道，消费者能够更便捷地购买自己喜欢的盲盒产品。

网络传播营销在盲盒产品推广中采用线上到线下（O2O）双渠道销售模式，丰富了消费者的购买场景。这种模式不仅降低了消费者的购买门槛，还通过线上和线下多种渠道的触达，使盲盒产品无障碍地接触消费者，提升了产品的市场覆盖度。

（三）社群互动加强关系联结

网络媒介的特性确实为人们形成社群提供了便利。通过互联网的交互性和连接性，人们可以轻松找到与自己拥有相同的兴趣爱好的人，并与他们进行互动和交流，从而形成紧密的社群关系。

在这样的社群中，成员可以分享彼此的经验、观点和资源，互相学习和借鉴。他们可以通过社交媒体平台、在线论坛、社群应用等渠道进行交流，讨论感兴趣的话题，分享有关产品或活动的信息，甚至组织线上或线下的聚会和活动。

通过社群互动，成员之间产生了共同的文化认同，形成了紧密的关系联结。他们可以相互支持、鼓励和激励，追求共同的目标和价值观。社群互动还促进了知识和信息的

传播，成员可以获得更多的信息和见解，不断拓展自己的视野和知识领域。此外，社群互动还可以加强品牌和消费者之间的联系。通过建立社群和参与社群互动，品牌可以更好地了解消费者的需求、喜好和反馈，提供更贴近消费者需求的产品和服务。同时，品牌可以通过社群互动来传播品牌故事、推广产品，塑造品牌形象和提升品牌认可度。

总之，社群互动是网络媒介的重要特性之一。通过社群互动，人们能够与具有相同兴趣爱好的人建立紧密的关系联结，分享经验、知识和资源，形成一个互相支持和激励的社群。同时，社群互动也为品牌和消费者之间的联系提供了机会，促进了品牌的发展和消费者的参与。

四、基于 AISAS 模型的牙舟陶非物质文化遗产文创盲盒的网络传播营销模式

（一）AISAS 模型

AISAS 模型是一种适应互联网传播特性的传播营销模型，由日本电通公司于 2005 年提出。该模型对传统媒体时代的 AIDMA 模型进行了调整，以适应互联网时代的变化。

AISAS 模型中，A 代表 Attention（关注），指的是吸引受众的注意力，引起他们的兴趣和关注。通过提供独特而吸引人的内容，品牌可以在众多信息中脱颖而出，引起受众的关注。

I 代表 Interest（兴趣），即激发受众的兴趣和好奇心，使他们对品牌或产品产生进一步了解的兴趣。通过提供有价值、有趣或有用的内容，品牌可以引起受众的兴趣，吸引他们深入了解和参与。

S 代表 Search（搜索），指的是受众主动寻找更多相关信息的行为。受众会通过搜索引擎、社交媒体等渠道主动寻找与品牌或产品相关的信息，这为品牌提供了创建相关内容的机会，满足受众的需求。

A 代表 Action（行动），即促使受众采取行动，参与品牌产品的购买活动。通过提供便捷的参与方式、个性化推荐和优惠等手段，品牌可以鼓励受众采取行动，实现利益转化。

S 代表 Share（分享），指的是受众在互联网上分享自己的体验、意见和观点。受众通过社交媒体、论坛等渠道分享自己与品牌或产品相关的内容，这有助于品牌扩大影响力，吸引更多的受众参与。

AISAS 模型强调了互联网时代受众的主动性和参与度，品牌需要通过吸引、激发兴趣、提供搜索内容、促使行动和鼓励分享等环节与受众建立良好的互动关系，实现传播和营销的目标。

（二）吸引注意与激发兴趣可以丰富牙舟陶品牌故事并使之具象化

对于牙舟陶而言，其在漫长的发展过程中将汉族制陶手艺与少数民族文化高度融合，所形成的区别于其他陶器的强烈且鲜明的民族文化特色、工艺特点正是牙舟陶品牌故事的核心要素。

1. 挖掘牙舟陶的文化故事

牙舟陶具有悠久的历史和深厚的文化底蕴，品牌可以深入挖掘与牙舟陶相关的文化故事，如传统制陶技艺的传承、民族文化的象征意义等。这些故事能够为牙舟陶赋予丰富的背景和意义，吸引消费者的注意。

2. 包装牙舟陶的品牌故事

将牙舟陶的品牌故事进行适度包装，以吸引消费者的注意。品牌故事可以通过文字、图片、视频等形式进行展示，突出牙舟陶与布依族文化的融合及布依族的民族特色，展现产品的独特魅力。

3. 突出布依族文化风格

在产品的图案和造型构思中体现布依族文化风格，如借鉴布依族蜡染、刺绣的代表性图案，或从常见的花鸟鱼虫、飞禽走兽中获取灵感。这样能够使产品具有浓郁的地域特色，吸引消费者对独特文化的关注并激发兴趣。

4. 凸显古朴的釉色和烧制特点

牙舟陶的釉色和烧制过程中出现的窑变和冰裂纹样式是其独特之处。品牌可以在产品设计中凸显这些特点，使产品具有古老民族传统文化的神韵和魅力。这种古朴的美感能够引起消费者的共鸣和兴趣。

通过突出牙舟陶的文化故事、布依族文化风格、古朴的釉色和烧制特点，使牙舟陶品牌吸引消费者的注意并激发其兴趣。这样的品牌故事能够让消费者走出审美疲劳，引起他们的关注和好奇心，促使他们主动了解和购买牙舟陶产品。

（三）搜索信息与产生购买行动：品牌主动触及消费者

在互联网环境中，牙舟陶品牌可以通过多种途径主动触及消费者，以激发其对产品的搜索和购买行动。

1. 举办推广活动

通过线下地推活动或在商场设立展台或点位，展示牙舟陶的独特魅力，吸引消费者的注意。此外，还可以设计隐藏款、特别款产品，以增加产品的神秘感和稀缺性，引发消费者的兴趣和搜索欲望。

2. 建立交流平台

利用自媒体平台，如微博、微信公众号、抖音等，定期高频地推送牙舟陶产品的信息。通过精心设计的内容，向消费者传达与牙舟陶相关的民族内涵和风格特点，加强对品牌的认知和记忆。

3. 举办相关文化活动

组织与牙舟陶相关的文化活动，如展览、讲座、工艺体验等，吸引潜在消费者参与并了解牙舟陶的文化价值。通过活动的互动性和参与感，加深消费者对牙舟陶品牌的印象，激发其购买欲望。

通过大量推广活动、建立交流平台和举办相关文化活动，牙舟陶品牌能够积极触及消费者，使其强化对品牌的认知和记忆。同时，牙舟陶品牌需要明确传达产品的民族内涵和风格表征，让消费者了解和感受到产品的文化价值，从而增加消费者的购买动机，最终促使其产生购买行为。

（四）分享互动：构建牙舟陶社群，提升消费者忠诚度

在基于 AISAS 模型的牙舟陶非物质文化遗产文创盲盒的网络传播营销模式中，分享互动是关键环节，旨在构建牙舟陶社群提高消费者忠诚度。

1. 构建牙舟陶社群的模式

以下是该模式的详细解析。

（1）组织者

作为品牌自身，组织者负责搭建社群的交流平台，如社交媒体、官方网站、论坛等，他们设定讨论议题，发布品牌相关内容，并维护社群成员之间的交流秩序。

（2）意见领袖

在牙舟陶社群中，意见领袖是具有专业知识和影响力的人物，他们可以对牙舟陶的文化、艺术价值、制作工艺等进行解读和分享，为其他社群成员提供专业的意见、建议和讨论。

（3）活跃用户

活跃用户是对牙舟陶产品充满热情且愿意主动分享观点和经验的消费者，他们是社群中的核心购买力和交流主力军，积极参与社群互动，分享购买经验、DIY 作品、收藏心得等，推动社群的活跃度和内容丰富度。

（4）普通用户

普通用户是社群中保持观望态度的人群，他们可能对牙舟陶感兴趣，但尚未采取购买行动，或者曾经购买过产品但在社群中较为沉默。

吸引普通用户的参与和激发他们的兴趣，有助于扩大社群规模和提高互动程度。

2. 实施策略

为了加强牙舟陶社群内成员的关系联结和推动互动，可以采取以下策略。

（1）定期举行活动

组织线上或线下的社群活动，如线上讨论会、线下展览、工艺体验等，提供社群成员互相交流的机会，加深彼此之间的联系。

（2）奖励优质内容

对社群成员分享的优质内容进行奖励和认可，如精美礼品、特别权益或折扣等，激励他们积极参与和贡献，以此增加社群互动的积极性和活跃度。

（3）及时解答疑问

对社群成员提出的问题和疑虑进行及时、充分的解答，提供清晰准确的信息，消除他们的疑虑，增强对牙舟陶品牌的信任度和满意度。

（4）培养意见领袖

与社群中具有影响力和专业知识的成员建立良好的合作关系，邀请他们成为牙舟陶社群的意见领袖。他们可以分享专业见解、引导其他社群成员，提升品牌影响力和专业形象。

（5）引导互动和参与

鼓励社群成员之间的互动和交流，通过提出问题、发起讨论、分享经验等方式促进成员之间的互动。品牌可以针对特定话题或活动设立话题讨论区或进行投票调查等，来激发社群成员的参与度和活跃度。

（6）吸引新用户

通过社群成员的口碑传播和推荐，吸引新用户加入社群，可以提供特别的优惠或奖励计划，激励现有社群成员邀请他们的朋友、家人等加入，并参与社群互动。

（7）定期更新内容

定期发布有趣、有价值的内容，如文化故事、艺术解读、产品设计背后的故事等，吸引社群成员的关注和参与，并持续引发讨论和分享。

通过以上策略，可以建立一个积极、有价值的牙舟陶社群，促进社群成员之间的关系，提高互动程度，培养忠实的消费者群体。这样的社群互动模式有助于牙舟陶品牌的传播和推广，增强消费者对牙舟陶的认知和信任，进一步推动销售和品牌发展。

第七章

非物质文化遗产旅游文创产品的评价与改进

第一节

非物质文化遗产旅游文创产品的评价指标体系

第二节

非物质文化遗产旅游文创产品的评价方法和工具

第三节

非物质文化遗产旅游文创产品的改进策略和案例

第一节 | 非物质文化遗产旅游文创产品的评价指标体系

评价非物质文化遗产旅游文创产品的指标体系可以包括以下五个方面。

一、文化内涵

非物质文化遗产旅游文创产品的评价指标体系中的文化内涵是其中一个重要方面，它关注产品是否能准确传递非物质文化遗产的核心价值观、传统技艺和文化故事等。

（一）核心价值观

评估产品是否能准确传递非物质文化遗产所蕴含的传统价值观念和道德准则。这包括对于社会关系、家庭观念、尊重传统的态度等方面的表达和呈现。产品应能引导消费者了解和体验非物质文化遗产所倡导的价值观，如尊敬长辈、勤俭节约、友善互助等。

（二）传统技艺

评估产品是否能充分展示非物质文化遗产所涉及的传统技艺和工艺技术。产品设计应突出传统技艺的特点和魅力，如传统绘画、雕刻、刺绣、陶瓷等技艺，让消费者通过使用产品或参与相关活动，了解并感受传统技艺的精髓。

（三）文化故事

评估产品是否能通过文化故事的讲述，使消费者对非物质文化遗产的历史、传承和意义有更深入的了解。产品可以通过图文、影像、音频等方式呈现相关的文化故事，使消费者能够通过使用产品或参与活动，与非物质文化遗产的故事产生情感共鸣和认同。

（四）文化元素的真实性和丰富性

评估产品所蕴含的文化元素是否真实，是否具有代表性和丰富性。产品应能准确呈现非物质文化遗产的独特特征和核心元素，如传统服饰、乐器、符号、图案等，让消费者感受到文化的深厚底蕴和多样性。

（五）传递文化内涵的效果

评估产品在传递文化内涵方面的效果和影响力。通过消费者的反馈、评价和互动参与，了解产品在传递非物质文化遗产的核心价值观、传统技艺和文化故事等方面是否取得了预期的效果，是否能够对消费者产生深远的影响和启发。

通过综合评估上述指标，可以全面了解非物质文化遗产旅游文创产品在文化内涵方面的质量和价值，为产品的改进和优化提供参考依据，同时也能够指导相关从业者更好地传递和保护非物质文化遗产。

二、创意设计

评估产品的设计创意和创新程度。这包括产品的造型设计、材质选择、色彩运用等方面，以及其与非物质文化遗产的融合程度和表达效果。

（一）独特性和个性化

评估产品设计的独特性和个性化程度。产品是否具有与众不同的外观和形式，能否吸引消费者的眼球。设计师是否能够通过创新的方式表达非物质文化遗产的特点和魅力，使产品在市场中脱颖而出。

（二）创新性和前瞻性

评估产品设计的创新性和前瞻性。产品是否能够融入现代时尚、艺术和科技等元素，通过创意的设计方式，赋予传统文化新的内涵和活力。设计师是否能够突破传统的思维模式，提供新颖、富有创意的设计解决方案。

（三）融合程度和表达效果

评估产品与非物质文化遗产的融合程度和表达效果。产品设计是否能够准确地传达非物质文化遗产的核心价值观、传统技艺和文化故事等。设计师是否能够将非物质文化遗产的元素融入产品的造型、图案、装饰等，使产品具有鲜明的文化特色。

（四）艺术性和审美性

评估产品设计的艺术性和审美性。产品的造型设计是否具有艺术品的品质和审美价值，能否引起消费者的审美共鸣。设计师是否能够运用材质、色彩和比例等要素，创造出具有美感和视觉冲击力的设计效果。

（五）可实施性和可生产性

评估产品设计的可实施性和可生产性。产品设计是否能够在实际生产过程中得以实施，是否符合工艺制作和生产工艺的要求。设计师是否考虑到产品的生产成本、制作工艺和市场需求等因素，是否在设计过程中进行了合理的权衡。

（六）用户体验和功能性

评估产品设计在用户体验和功能性方面的表现。产品设计是否考虑到用户的需求和使用习惯，能够提供舒适、便捷和功能实用的体验。设计师是否能够在保持创意和独特性的同时，注重产品的实际使用价值和用户体验。

通过综合评估上述指标，可以对非物质文化遗产旅游文创产品的创意设计进行全面而有针对性的评价。这些指标涵盖了设计的独特性、创新性、艺术性、实施可行性、用户体验、可持续性、故事性、传播性和市场竞争力等方面，能够帮助评估和提升产品的设计质量和市场竞争力。

三、旅游体验

评估非物质文化遗产旅游文创产品的旅游体验质量是确保产品能够吸引游客并为其提供丰富、有意义的旅游体验的重要方面。

（一）参与式活动

评估产品所提供的参与式活动的质量和多样性。参与式活动是指游客能够积极参与其中，亲身体验非物质文化遗产的活动，如传统工艺制作、表演、舞蹈、音乐等。产品应提供丰富多样的参与式活动，以满足不同游客的兴趣和需求。

（二）互动展览

评估产品所提供的互动展览的设计和实施效果。互动展览是指通过互动方式，让游客参与到展览中与展品进行互动交流，增加游客的参与度和体验感。产品应该设计具有吸引力和趣味性的互动展览，使游客更深入地了解非物质文化遗产并与之产生互动。

（三）工艺体验

评估产品所提供的工艺体验的质量和真实性。工艺体验是指游客能够亲身参与非物质文化遗产的工艺制作过程，学习和体验相关的技艺和技巧。产品应该提供真实的工艺体验机会，让游客能够亲自动手、亲身感受非物质文化遗产的魅力。

（四）导览和讲解

评估产品提供的导览和讲解服务的质量。导览和讲解是指通过专业的导游和讲解员，向游客介绍非物质文化遗产的历史、文化背景、传统技艺等内容。产品应该提供高质量的导览和讲解服务，使游客深入了解非物质文化遗产的内涵和价值。

（五）情感共鸣和参与度

评估产品能否引发游客的情感共鸣和参与度。产品设计应该能激发游客对非物质文化遗产的情感共鸣，让游客感受到非物质文化遗产的独特魅力，并积极参与相关的活动和体验。

（六）个性化和定制化

评估产品是否能够提供个性化和定制化的旅游体验。产品应该考虑游客的个性化需求，并提供相应的定制化服务。通过了解游客的兴趣、偏好和需求，为游客量身定制独特的旅游体验，使其感到个性化关怀和满足感。

（七）环境和氛围营造

评估产品所创造的环境和氛围对旅游体验的影响。产品应该通过设计音乐、灯光等手段，营造出与非物质文化遗产相契合的氛围和情感体验。环境和氛围的营造可以增强游客对非物质文化遗产的沉浸感和情感共鸣。

（八）便捷性和舒适度

评估产品提供的旅游体验在便捷性和舒适度方面的表现。产品应该为游客提供便捷的预订和参与流程，确保游客能够轻松参与体验活动。同时，产品还应考虑游客的舒适度，为其提供舒适的场所、设施和服务，以确保他们在旅游过程中能够有愉悦舒适的体验。

（九）交流和互动

评估产品是否能促进的游客间以及游客与工作人员之间的交流和互动。产品应该鼓励游客之间的交流与分享，营造出友善和融洽的社交氛围。同时，产品还应提供与工作人员互动的机会，使游客能够与专业人员交流和互动，增强对非物质文化遗产的理解和认知。

（十）客户满意度

评估游客对旅游体验的满意度和反馈。通过收集游客的评价和建议，产品可以了解他们对旅游体验的感受和意见，并及时对产品的设计和服务进行改进和优化。客户满意度是衡量旅游体验质量的重要指标，对产品的改进和提升具有指导意义。

通过综合评估上述指标，可以全面了解非物质文化遗产旅游文创产品的旅游体验质量，找出不足和改进的方向，从而不断提升产品的竞争力和吸引力，满足游客对丰富、有意义旅游体验的需求。

四、市场影响力

评估产品在市场中的影响力和知名度。这包括产品的销售情况、市场占有率以及相关的品牌价值等。同时，还可以考察产品是否能够吸引更多的游客和消费者，是否能够在市场上产生积极的口碑和反响。

（一）销售情况

评估产品的销售情况和销售额。销售情况是衡量产品市场表现的重要指标，可以通过销售数据和报告来评估产品的销售情况。销售额的增长和稳定性可以反映产品在市场中受欢迎的程度和市场需求。

（二）市场占有率

评估产品在市场中的占有率和竞争地位。市场占有率是指产品在特定市场中的销售额占整个市场销售额的比例。高市场占有率可以显示产品在市场中的竞争优势和领先地位。

（三）品牌价值

评估产品所具有的品牌价值和品牌认知度。品牌价值是指产品品牌在市场中所具有的商业价值和知名度。通过对品牌价值的评估，可以了解产品在市场中的品牌影响力和品牌忠诚度。

通过对市场影响力的评估，可以了解产品在市场中的竞争地位、知名度和用户满意度。这有助于产品制定有效的市场推广策略、提升产品的竞争力，进一步推动非物质文化遗产旅游文创产业的发展和繁荣。

五、参与度和满意度

参与度和满意度是评估非物质文化遗产旅游文创产品的重要指标之一。它们能够反映游客和消费者对产品的参与程度、体验感受和满意程度，为产品的改进和优化提供重要参考。

（一）参与度指标

评估非物质文化遗产旅游文创产品的参与度是确保产品能够吸引游客并提供丰富、有意义的旅游体验的重要方面。

1. 游客数量

评估产品能够吸引的游客数量。通过统计游客的数量，可以了解产品的吸引力和市场需求。较高的游客数量通常表示产品的受欢迎程度较高。

2. 参与活动比例

评估游客参与产品所提供的各类活动的比例，可以通过调查问卷或记录游客参与活动的数据来统计。这可以了解游客对不同活动的参与程度和偏好，有助于产品优化和活动策划。

3. 互动参与程度

评估游客在产品体验中的互动程度。包括游客与展品、表演者、导游或其他游客之间的互动情况。较高的互动参与程度意味着游客更加积极地参与产品提供的活动，增强了他们对非物质文化遗产的体验感受。

4. 参与率和参与频次

评估游客参与产品活动的率和频次。可以通过统计游客的参与率和参与频次来了解游客对产品的兴趣和参与程度。较高的参与率和频次表示游客对产品的活动感兴趣，愿意多次参与。

5. 反馈和建议

评估游客提供的反馈和建议。通过收集游客的意见和建议，了解游客对产品体验的参与度和改进建议。这可以帮助产品团队了解游客的期望和需求，从而进行相应的改进和优化。

通过综合评估上述指标，可以全面了解非物质文化遗产旅游文创产品的参与度。这些指标不仅能够反映产品的吸引力和市场需求，还可以帮助产品团队针对游客的需求不断优化产品，提升产品的参与度和用户体验。

（二）满意度指标

1. 体验感受

评估游客对产品体验的感受和评价。可以通过调查问卷、用户反馈和评论等方式收集游客的意见和感受。

2. 文化价值认同

评估游客对产品所传递的非物质文化遗产的价值认同程度，了解游客对产品所展示的文化内涵和价值观的认同程度。

3. 服务质量

评估产品提供的服务质量。包括导游服务、展览安排、交通和餐饮等方面的服务，了解游客对服务的满意程度。

4. 游客期望和需求满足程度

评估产品能否满足游客的期望和需求。了解游客对产品的期望和需求，以及产品在满足这些期望和需求方面的表现。

5. 再访意愿和口碑传播

评估游客对产品的再访意愿和口碑传播。了解游客是否愿意再次选择该产品进行旅游体验，并是否愿意向他人推荐该产品。

综合分析上述数据和信息，可以对非物质文化遗产旅游文创产品的参与度和满意度进行综合评估。在评估过程中，还应该考虑不同群体的参与度和满意度差异，包括不同年龄、文化背景、兴趣爱好的游客群体。通过对参与度和满意度的评估，识别产品的优点和需要改进的方向，进一步提升产品的吸引力和市场竞争力。

第二节 | 非物质文化遗产旅游文创产品的评价方法和工具

评价非物质文化遗产旅游文创产品的质量和效果是确保产品的成功和持续发展的重要任务。以下是六个常用的评价方法和工具。

一、调查问卷

调查问卷是评价非物质文化遗产旅游文创产品的常用方法之一，可以通过设计和发放针对游客和消费者的调查问卷，收集他们对产品的评价和建议。

（一）设计问卷目标

在设计调查问卷时，需要明确问卷的目标和所要研究的问题。例如，可以设定评估参与度、满意度、体验感受、需求和期望等方面的目标，以全面了解游客对产品的意见和反馈。

（二）选择合适的问卷类型

根据评估目标和研究问题，选择合适的问卷类型。常见的问卷类型包括开放式问题、封闭式选择题、多项选择题、评分题等。可以根据具体情况灵活运用不同类型的问题。

（三）设计清晰的问题

确保问卷中的问题清晰、简明易懂，并与评估目标一致。问题应该具体且具有方向性，并能够涵盖评估范围内的各个方面。另外，应避免使用含糊不清或双重否定的问题，以确保游客能够准确回答。

（四）量表和评分

在问卷中使用合适的量表和评分来衡量游客对产品的评价。可以使用满意度评分、重要性评分、频次评分等方式获取更具体和量化的数据。量表和评分的选择应与研究问题和评估目标相匹配。

（五）问卷布置和发放

根据产品的特点和访客群体的特征，选择合适的布置和发放方式。可以在产品现场发放纸质问卷，也可以利用在线调查平台或社交媒体渠道进行在线问卷调查。要确保问卷发放的方式便捷、可及性高，以提高回收率。

（六）数据分析和解读

收集到的问卷数据需要进行统计和分析。可以使用统计软件或数据分析工具对数据进行整理和计算。分析结果可以通过综合统计指标、频率分布、相关性分析等方式进行解读和说明。

（七）建议和改进措施

通过对问卷回收数据的分析，可以获取游客对产品的评价和建议。根据分析结果，提出相应的建议和改进措施，以进一步提升产品的质量和用户体验。

在设计调查问卷时，还应注意保护游客的隐私和数据安全。确保问卷的匿名性，不要求被调查者提供个人身份信息。同时，要保证被调查者的回答和个人身份的分离，以确保数据的安全性和保密性。

二、用户反馈

用户反馈是评价非物质文化遗产旅游文创产品的重要方法之一。通过收集游客和消费者的实时反馈和意见，了解他们对产品的体验和建议，从而促进产品团队改进和调整。

（一）反馈渠道的设置

在产品现场设置反馈箱或意见箱，鼓励游客在参观或体验结束后留下他们的意见。反馈箱应放置在显眼的位置，提供纸质反馈表或留言纸供游客填写，这种方式能够方便游客表达他们的意见和建议。

（二）在线平台和社交媒体

创建在线平台或社交媒体账号，专门用于收集游客的反馈和意见。可以开设专门的反馈页面或留言板，让游客通过网页或移动应用程序提交反馈。同时，还可以利用社交媒体平台，如微博、微信等，鼓励游客在平台上分享他们的体验和意见。

（三）实时互动和调查

在产品现场进行实时互动和调查，收集游客的即时反馈。例如，通过设置互动展示板，让游客填写自己对产品的评价和建议。也可以请工作人员在产品现场进行调查问卷的填写，直接与游客进行沟通和交流，获取更详细的反馈信息。

（四）用户评价和评论

鼓励游客通过在线旅游平台、社交媒体或产品官方网站发表对产品的评价和评论。这些评价和评论可以是文字形式、图片或视频形式，能够展示游客的真实体验和意见。产品团队可以定期关注和回复这些评价和评论，以加强与游客的互动和沟通。

（五）反馈整理和分析

对收集到的用户反馈需要进行整理和分析，以提取有用的信息。可以将用户反馈按照不同的主题、类别或关键词进行分类整理，以便后续的分析和处理。还可以使用数据分析工具和文本挖掘技术对大量的反馈数据进行定量和定性分析，以获取更深入的信息。

（六）反馈的回应和改进

对于收集到的用户反馈，产品团队应及时回应并采取相应的改进措施。可以针对问题或建议提出解决方案，或者解释产品设计的理念和目标。及时和积极地回应用户反馈，能够增强用户对产品的信任和满意度，并促使他们对产品进行更积极的推荐和口碑传播。

通过用户反馈的收集和分析，产品团队可以更好地了解用户的需求和期望，有针对性地进行产品改进和优化，提升产品的质量和用户体验，增加用户的满意度和忠诚度。

三、访谈和焦点小组讨论

访谈和焦点小组讨论是评价非物质文化遗产旅游文创产品的常用方法之一。通过与游客、专家或行业从业者进行面对面的访谈或组织焦点小组讨论，可以深入了解他们的体验感受、需求和期望，从而获取更具体和深入的信息。

（一）访谈

1. 目标人群选择

根据评估目标和研究问题，选择合适的目标人群进行访谈。目标人群可以包括产品的游客、行业专家、非物质文化遗产传承人等，以获取不同角度和视角的意见和见解。

2. 采访方式和场所

根据实际情况选择合适的采访方式和场所，可以进行面对面的个别访谈，也可以通过电话、视频等方式进行远程访谈。但要确保访谈环境舒适和私密，以便被访者能够自由发表意见。

3. 问卷设计和准备

在访谈前设计访谈提纲或问卷，明确要探讨的问题和话题，确保访谈的流程和内容有条理。根据访谈目标和研究问题，设计开放式问题和具体问题，以引导被访者详细表达其观点和经验。

4. 访谈技巧和倾听能力

访谈者需要具备良好的沟通和倾听能力，以便与被访者建立良好的互动和沟通关系。采用积极倾听的技巧，让被访者有足够的时间和空间表达自己的观点和意见。

（二）焦点小组讨论

1. 参与者选择

组织由游客、专家或行业从业者组成的焦点小组进行讨论，以获取不同视角和丰富的意见和观点。参与者的选择应代表目标人群的多样性和代表性。

2. 讨论主题和话题

明确讨论的主题和话题，确保讨论的焦点和方向。可以围绕对产品的参与度、满意度、体验感受、需求和期望等方面展开讨论，引导参与者分享他们的看法和经验。

3. 引导和调控

讨论者需要有一定的主持和引导能力，确保讨论的秩序和效果。适时提出问题、促进参与者之间的交流，确保每个参与者都能充分表达自己的观点，并且讨论内容不偏离主题。

4. 讨论记录和整理

在讨论过程中，记录参与者的观点和意见，可以使用录音设备、摄像设备或笔记等方式进行记录。讨论结束后，整理讨论记录，提取关键观点和见解，以便后续分析和整合。

5. 数据分析和综合

对访谈和焦点小组讨论的数据进行分析和综合。可以通过整理和比较不同参与者的观点和意见，找出共性和差异性，并将其与其他评价方法的结果进行对比和综合，以获取更全面的评价。

6. 发现和改进措施

通过对访谈和焦点小组讨论进行分析，发现产品的优点、问题和需要改进空间，并提出相应的改进措施。根据参与者的意见和建议，调整产品的设计、内容或服务，以提升游客的体验和满意度。

访谈和焦点小组讨论的优势在于可以深入了解参与者的观点和体验，获取具体而深入的信息。然而，由于参与者具有代表性和主观性，访谈和焦点小组讨论的结果可能不具备普遍性，因此需要结合其他评价方法的结果进行综合分析和判断。另外，为了确保访谈和讨论的有效性和可靠性，应遵守伦理原则，保护参与者的隐私和数据安全。

四、数据分析

通过对产品销售数据、参与数据和用户行为数据等进行统计和分析，了解产品的市场表现、用户行为和趋势。

（一）销售数据分析

通过统计产品的销售数据，包括销售额、销售量、销售渠道等，了解产品在市场中的表现。可以比较不同时间段的销售数据，分析销售趋势和季节性变化，以及不同销售渠道的效果。销售数据分析可以帮助产品团队了解产品的受欢迎程度和市场需求，为制定营销策略和改进产品提供依据。

（二）参与数据分析

通过统计产品的参与数据，包括参观人数、参与活动的比例、互动参与程度等，可以了解游客对产品的参与程度和体验。可以分析不同目标人群的参与情况，了解他们的兴趣和对产品的需求。参与数据分析可以帮助产品团队确定产品的受众群体和吸引力，为产品的改进和定位提供指导。

（三）用户行为数据分析

通过分析用户在产品现场的行为数据，包括停留时间、参与活动的时长、互动频率等，了解游客在产品体验中的行为和偏好。可以分析用户的行为路径和流程，了解他们对产品不同方面的关注和参与程度。用户行为数据分析可以帮助产品团队优化产品的布局和设计，提升用户体验和参与度。

（四）趋势分析

通过对历史数据趋势的分析，预测未来的发展趋势和市场变化。可以分析产品的销售趋势、参与趋势和用户行为趋势，了解市场需求的变化和用户行为的演变。趋势分析可以帮助产品团队及时调整策略和改进产品，以适应市场的变化和用户的需求。

（五）数据可视化工具和技术

使用数据可视化工具和技术可以更好地分析和展现数据。可以使用图表、图形和仪表板等方式，将数据进行可视化呈现。数据可视化可以帮助产品团队更直观地了解数据，并从中发现规律和趋势。

数据分析的优势在于基于真实的数据进行分析和决策，具有客观性和准确性。通过数据分析，可以发现产品的优点和不足之处，识别潜在的改进空间，并为产品的营销和战略决策提供有力支持。数据分析还可以帮助产品团队进行预测和规划，从而更好地满足市场需求和用户期望。

在进行数据分析时，可以采用各种工具和技术来处理和解读数据。一些常用的数据分析工具包括 Microsoft Excel、SPSS、Python 等工具。这些工具提供了丰富的功能和算法，可以进行数据清洗、统计计算、可视化和模型建立等操作。

数据分析的步骤通常包括数据收集、数据清洗、数据探索和数据建模等。首先，收集和整理相关的数据，确保数据的准确性和完整性。其次，进行数据清洗，去除错误、缺失或异常的数据，以保证数据的质量。再次，通过统计分析和可视化等手段，对数据进行探索和分析，发现数据中的规律和趋势。最后，应用合适的数据建模技术，如回归分析、聚类分析、预测模型等，进行更深入的分析和预测。

在进行数据分析时，需要根据研究问题和评估目标选择合适的分析方法和技术。可以采用描述统计、相关性分析、回归分析、时间序列分析、聚类分析等方法，根据需要进行数据模型的建立和预测。

数据分析的结果应该结合其他评价方法和工具进行综合分析和解读。将数据分析的结果与用户反馈、调查问卷、访谈和焦点小组讨论等方法得到的结果进行对比和交叉验证，以获取更全面、更准确的评价。

最后，基于数据分析的结论和发现，产品团队可以制定相应的改进措施和策略。这些措施可以针对产品的设计、体验、营销、服务等方面进行调整和优化，以提升产品的质量、用户满意度和市场竞争力。

数据分析作为评价非物质文化遗产旅游文创产品的重要方法之一，能够从更客观、更准确的角度了解产品的市场表现、用户行为和趋势。通过数据分析，产品团队可以获得深入的信息，为产品的改进和决策提供有力支持，以实现更好的用户体验和市场竞争优势。

五、品牌评估和声誉监测

品牌评估和声誉监测是评价非物质文化遗产旅游文创产品的重要方法之一。通过评估产品的品牌价值和监测其声誉，了解产品在市场中的知名度和影响力，为品牌建设和声誉管理提供数据支持。

（一）品牌评估

1. 品牌认知度评估

通过调查问卷、市场调研或在线调查等方式，评估产品品牌在目标受众中的知名度和认知度。可以测量受众对产品品牌的识别度和熟悉程度，了解品牌在市场中的影响力和知名度。

2. 品牌关联度评估

评估产品品牌与目标受众之间的情感和认知联系。可以通过调查问卷或焦点小组讨论等方式，了解受众对品牌的态度、情感和联想。通过评估品牌的关联度，可以判断品牌在受众心目中的形象。

3. 品牌忠诚度评估

评估受众对产品品牌的忠诚程度和重复购买意愿。可以通过调查问卷、用户反馈和消费者行为数据等方式，了解受众对品牌的喜好程度、信任度和忠诚度。评估品牌忠诚度可以判断品牌在市场中的稳定性和用户黏性。

（二）品牌声誉监测

1. 媒体曝光监测

通过采用媒体监测工具和媒体分析软件，监测产品在各种媒体平台上的曝光情况。可以收集并分析产品在新闻报道、专业媒体、社交媒体等渠道中的曝光度和报道量，了解产品在媒体中的影响力和关注度。

2. 口碑监测

通过采用社交媒体监测工具、在线评论分析和网络舆情监测等手段，监测产品在社交媒体和在线平台上的口碑传播情况。可以收集和分析用户在社交媒体上发布的评论、评分和推荐，了解产品的口碑和用户满意度。

3. 舆情监测

通过采用舆情监测工具和网络分析技术，监测产品在网络上的声誉和形象。可以收集并分析网络上关于产品的新闻报道、用户讨论和专业评论，了解产品在网络舆论中的声誉和评价。

4. 品牌形象管理

通过对产品品牌形象的评估和管理，确保品牌形象与产品定位和目标受众的期望相符。可以通过调查问卷、品牌形象评估工具和专业机构的研究报告等方式，了解产品品牌的形象特点、优势和弱点，并制订相应的品牌策略和传播方案。

5. 品牌价值评估

评估产品品牌的经济价值和市场竞争力。可以使用品牌评估模型和指标，如品牌资产评估、品牌权益评估等，对产品品牌的价值进行量化和分析。品牌价值评估可以帮助产品团队了解品牌在市场中的地位和发展潜力，为品牌的投资和发展提供决策依据。

6. 声誉管理

通过定期监测和评估产品在各种媒体和渠道中的声誉状况，及时回应和处理负面事件和舆情，维护品牌的声誉和形象。可以利用声誉监测工具、舆情分析软件和社交媒体监听等方式，实时了解产品的声誉状况，采取积极的公关和危机管理措施。

7. 品牌策略调整

根据品牌评估和声誉监测结果，及时调整和优化产品的品牌策略。可以针对评估结果提出品牌定位调整、传播策略改进、产品设计优化等建议，以提升品牌形象和市场竞争力。

8. 综合分析

通过综合分析品牌评估和声誉监测的数据和结果，形成全面的品牌评价报告。可以将各项评估指标进行综合权衡和分析，形成对产品品牌的整体评价和建议。这可为产品团队制订品牌发展战略和推动产品改进提供重要的参考和指导。

在进行品牌评估和声誉监测时，需要注意数据的准确性和可靠性，选择合适的评估工具和方法，并结合实际情况进行综合分析和判断。另外，持续的监测和评估是品牌管理的重要环节，应定期进行更新和调整。

六、专业评估机构

聘请专业的评估机构是评价非物质文化遗产旅游文创产品的重要方法之一。这些机构拥有专业的研究团队和评估方法，能够提供全面、客观和专业的评估报告。

（一）评估机构选择

选择具有良好声誉和专业背景的评估机构。可以通过参考行业推荐、查阅评估机构的官方网站、阅读客户评价等方式，对评估机构进行调研和比较。须重点关注评估机构的专业领域、项目经验和研究成果。

（二）评估方案设计

与评估机构合作，共同设计评估方案。评估方案应根据产品的特点和评估目标进行定制化设计，明确评估的内容、方法和时间计划。可以与评估机构进行沟通，为其提供产品的相关资料和数据，以便评估机构充分了解产品和评估需求。

（三）评估方法选择

评估机构将根据评估方案采用专业的评估方法进行研究和评估。评估方法可能包括问卷调查、访谈、实地考察、数据分析、市场研究等。评估机构会根据实际情况选择合适的方法，并确保评估过程的客观性、科学性和可靠性。

（四）数据收集和分析

评估机构将负责数据的收集和分析工作。他们可能会采用各种方法，如调查问卷、访谈记录、市场调研数据等，收集与产品评估相关的数据。之后，评估机构将对收集到的数据进行统计和分析，提供客观的评估结果和见解。

（五）报告撰写和汇报

评估机构将根据评估结果撰写评估报告。评估报告应包括对产品的评估结论、优点和不足之处以及改进建议和推荐措施等内容。评估机构可能会向产品团队进行报告汇报，与其讨论评估结果，并提供进一步的解释和建议。

（六）专业意见和建议

评估机构将根据评估结果提供专业的意见和建议。他们将结合自身的专业知识和经验，对产品的发展方向、品牌建设、市场推广等提供有针对性的建议。产品团队可以借助评估机构的专业意见，对产品进行改进和优化，以提升产品的市场竞争力和市场地位。

（七）专业认可和信誉

与专业评估机构合作，可以提升产品的专业认可和信誉。评估机构具有独立性和客观性，其评估报告和意见在业界具有较高的权威性和可信度。与专业评估机构合作，可以增加产品在市场中的受信任度和声誉，为产品的发展和推广提供有力支持。

（八）国际标准和参考

专业评估机构通常遵循国际标准，具备丰富的行业经验和专业知识，评估方法和报告往往符合国际标准，可以为产品在国际市场上的竞争赋能。与专业评估机构合作，可以获得国际化的评估视角和参考标准，协助产品在全球范围内获得认可和竞争优势。

（九）可持续发展和长期规划

专业评估机构的评估报告和建议往往具有长期性和可持续性的特点。他们会综合考虑产品的当前状况和未来发展趋势，提供具体的改进措施和长远规划。与专业评估机构合作，可以为产品的可持续发展提供战略性的建议和规划，帮助产品在市场中保持竞争力和可持续增长。

需要注意的是，在选择评估机构时，应确保其具备专业的背景和经验，以及与产品特点相匹配的能力和资源。此外，与评估机构合作需要明确评估的目标、范围和时间计划，并与评估机构保持密切的沟通和合作，以确保评估工作的顺利进行和评估结果的准确性。

以上方法和工具可以根据具体的评价目的和需求进行灵活组合和应用。重要的是综合使用多种方法和工具，以获得全面和客观的评价结果，并根据评价结果进行产品的改进和优化。

第三节｜非物质文化遗产旅游文创产品的改进策略和案例

设计旅游文创产品时，可以将非物质文化遗产和文创产品相结合，提升文创产品的文化价值和艺术价值。非物质文化遗产的种类较多，设计师需要深入研究目标设计要素的非物质文化遗产，将其特色融入文创产品中，增强产品的文化性和艺术性，使旅游文创产品体现出地域性特色。

一、非物质文化遗产旅游文创产品设计中的问题

在非物质文化遗产旅游文创产品设计中存在以下六方面的问题，需要注意和改进。

（一）旅游文创产品类型单一

当前的文创产品类型相对单一，主要集中在传统的书本、笔筒、帽子等形式。这种单一的类型限制了产品的创新和多样性，使得产品在与当地文化遗产结合时缺乏独特的表现形式和文化内涵。设计师需要更加创新和多样化，探索更具创意的产品形式和设计元素，使产品能够更好地传达和展示非物质文化遗产的独特魅力。

（二）旅游文创产品缺少创意和审美

在设计过程中，设计师应更加深入地理解非物质文化遗产的内涵和特点，不能局限于表面的图像和标志。他们应该从更广阔的视角出发，深入挖掘文化背后的意义和价值，通过创意和审美的方式，将这些特点融入产品设计中。这样的设计能够更好地引起消费者的兴趣和共鸣，增强产品的吸引力和独特性。

（三）文创产品开发者缺乏品牌意识

品牌建设对于文创产品的销售和影响力至关重要。然而，一些文创产品开发者在品牌意识方面存在不足。他们缺乏对非物质文化遗产的深入理解和宣传，未能有效建立起品牌的知名度和影响力。开发者应加强对非物质文化遗产的宣传和保护工作，设计新颖独特的标志和符号，以提高品牌的辨识度和影响力。此外，开发者还应注重品牌的长期发展和形象塑造，建立起与非物质文化遗产相匹配的品牌形象，从而增加产品的市场竞争力和吸引力。

（四）对知识产权的保护力度不够

在非物质文化遗产旅游文创产品的设计过程中，保护知识产权和避免侵权是重要的

问题。然而，一些产品在设计中存在与其他标志混淆的问题，缺乏独特性和原创性。相关部门应加强对非物质文化遗产的保护力度，建立起有效的知识产权保护机制，鼓励原创设计和避免侵权行为。同时，产品设计师和开发者应加强知识产权意识，遵守相关法律法规，确保产品的原创性和独特性，避免侵权行为。

（五）缺乏与目标受众的互动

在非物质文化遗产旅游文创产品设计中，缺乏与目标受众的积极互动，导致产品与受众之间存在一定的隔阂。设计师应该主动与目标受众进行沟通和交流，了解他们的需求、喜好和期望，以便更好地满足他们的需求并提供有针对性的产品体验。通过用户参与的方式，可以增强产品的用户体验和互动性，提升产品的市场竞争力和用户满意度。

（六）缺乏可持续性和环保性

在设计非物质文化遗产旅游文创产品时，应考虑产品的可持续性和环保性。一些产品可能存在使用一次性材料和过度包装等问题，给环境带来负面影响。设计师应该积极探索使用可持续材料和生态友好工艺的生产方式，减少对环境的负荷，并在产品宣传中突出环保理念，提高消费者对产品的认可度和接受度。

需要重视非物质文化遗产旅游文创产品设计中存在的问题。通过创新多样的产品类型、深入挖掘文化内涵、注重品牌建设、保护知识产权、与目标受众互动、关注可持续性和环保性以及与非物质文化遗产传承人的合作，可以提升产品设计的质量和市场竞争力，提升消费者的满意度和产品的可持续发展。这些改进措施将有助于推动非物质文化遗产旅游文创产品的设计创新，使其更好地传承和展示非物质文化遗产的独特价值，同时满足消费者的需求和期望，从而为游客提供更加丰富、有意义的旅游体验。

二、非物质文化遗产旅游文创产品的改进策略

对文创产品设计的开发思路进行分析，设计师需要提高对非物质文化遗产的认识与了解，加强对消费者偏好的研究，学习其他地区文创产品的设计思路，积极开发与设计价格合理、精致鲜艳的文创产品，通过独特且创新的设计思路吸引消费者的眼球，达到提高文创商品销售量、促进非物质文化遗产进一步宣传的目的。

（一）强调保护性和原真性原则

在设计旅游文创产品时，应坚持保护性和原真性原则。设计师应深入了解非物质文化遗产的内涵和特点，并将其融入产品设计中。重视对非遗文化的保护与传承，避免随意拓展其文化内涵，确保产品能真实地传达非物质文化遗产的内容和价值，让消费者通过产品深入了解非遗文化的魅力。

（二）强化非物质文化遗产的特色

在文创产品设计中，需突出非物质文化遗产的特色。设计师需要研究非遗文化的各个方面，包括传统技艺、节庆活动、非物质文化遗产代表性符号等，从中获取灵感，运用创意的手法将非遗元素融入产品设计中。通过凸显非物质文化遗产的独特性和独特魅力，能够吸引更多游客来到广西，感受非遗文化的魅力。

（三）加强对消费者偏好的研究

在设计过程中，需加强对消费者偏好的研究。通过市场调研、调查问卷和用户反馈等方式，了解消费者对文创产品的需求和喜好。根据消费者的喜好和需求，设计师可以针对性地开发和设计更具吸引力的文创产品，以提升产品的市场竞争力和销售量。

（四）学习其他地区文创产品的设计思路

可以借鉴其他地区文创产品的设计思路和经验。通过学习和了解其他地区成功的文创产品案例，可以汲取灵感和启示，并将其应用到广西的非物质文化遗产旅游文创产品设计中。同时，还应关注最新的行业趋势和设计理念，不断提升自身的设计水平和创意能力。

（五）设计价格合理、外观精美的文创产品

在开发和设计文创产品时，需考虑产品的价格合理性和外观的精美性。产品的价格应与市场需求和消费者的购买力相适应，确保产品的性价比。同时，在外观设计上，应注重细节和美感，使产品在视觉上更具吸引力和独特性，从材质选择到制作工艺，都应严格把关，使产品在质感上与非物质文化遗产相匹配。此外，还可以考虑使用可持续材料和环保工艺，以提升产品的可持续性和环保性。

（六）加强营销和宣传

优秀的旅游文创产品需要得到更广泛的宣传和推广。可以通过多种渠道，如线上线下平台、社交媒体、展览活动等，进行产品的推广和宣传。此外，还可以与旅游景区、博物馆等旅游文化机构合作，共同举办推广活动，提升产品的知名度和影响力。

（七）持续创新和更新

旅游文创产品领域竞争激烈，须不断进行创新和更新。设计师应密切关注市场趋势和消费者需求的变化，及时进行产品的更新和改进。同时，可以与当地艺术家、设计师、工匠等合作，共同创作出更具创新性和艺术性的文创产品，保持产品的新鲜感和吸引力。

（八）建立合作联盟和品牌联合

与其他相关行业和品牌建立合作联盟，可以共同推广非物质文化遗产旅游文创产品。通过与知名品牌合作，可以提升产品的品牌形象和认知度，吸引更多消费者的关注和购买。

三、基于非物质文化遗产保护的旅游文创产品设计案例

在推动非物质文化遗产保护的同时，结合旅游业发展，可以设计出丰富多样的文创产品，为游客提供独特的文化体验和精神享受。以下是一个广西非物质文化遗产村和景观观光旅游文创产品的设计案例。

（一）观光旅游文创产品

观光旅游文创产品在设计上需要注重审美和创意，以提供给游客具有美感和吸引力的产品。

1. 在非物质文化遗产村和景观观光点展示文创产品

将文创产品展示于广西非物质文化遗产村和景观观光点中，使产品与地域背景相互呼应，突出地域特色和文化元素。通过在景区内设置文创产品展示区或销售店铺，游客可以欣赏并购买与当地文化相关的精美文创产品。

2. 研究村落和景观的历史与文化

深入研究广西非物质文化遗产所在地村落和景观的历史、文化背景以及民俗习惯。通过调查和研究，了解各种文化艺术和民俗活动的特点和内涵，将这些元素融入文创产品的设计中，从而体现广西非物质文化遗产的独特魅力和特色。

3. 打造壮族服饰文化村

发扬广西壮族服饰的特色，打造壮族服饰文化村，将壮族人民聚居地方打造成一个展示壮族服饰文化的场所。在特定的节日举办节庆活动，让当地壮族人民和其他艺术表演者穿上壮族服装，同时展示含有壮族服饰元素的文创产品，通过展示和销售这些产品，让更多人了解广西壮族服饰的特色，对壮族的民俗活动形成深刻的印象。

4. 加入灯酒会、炮龙节的场景

在文创产品的设计中，加入灯酒会、炮龙节等富有广西地域特色的节庆活动，让游客能够在观赏文创产品的同时，了解当地少数民族的文化习俗和传统活动。设计师可以将灯酒会的繁华场景或炮龙节的独特氛围融入文创产品中，通过产品的图案、造型或材质，展现非物质文化遗产的活力，让游客能够更深入地了解广西的少数民族文化和非物质文化遗产。

5. 创造交互式体验

观光旅游的文创产品可以通过创造交互式的体验方式，增强游客的参与感和互动性。设计师可以将虚拟现实或增强现实技术应用于文创产品中，创造沉浸式的体验感，使游客能够身临其境地感受非物质文化遗产的魅力。例如，设计虚拟的非遗表演场景，让游客在虚拟现实中参与其中，或设计互动展示产品，让游客可以亲身体验非物质文化遗产的制作过程。

6. 注重环境友好和可持续发展

在设计观光旅游的文创产品时，应遵循环保和可持续发展的原则。选择可再生、环保的材料，并采用可持续的生产工艺，以减少对环境的影响。同时，倡导游客购买和使用环保材料的产品，提倡垃圾分类和循环利用的理念，以促进观光旅游的可持续发展。

（二）休闲度假旅游文创产品

休闲度假旅游是一种追求放松和享受的旅行方式，设计师在开发旅游文创产品时，应注重产品的功能和作用，以满足游客在休闲度假中的需求。

1. 邕剧角色形象文创产品

广西邕剧作为一项重要的国家级非物质文化遗产，具有独特的表演风格和艺术魅力。设计师可以根据邕剧中生、旦、净、丑等角色形象，设计旅游文创产品，如手工艺品、服饰配饰、文化衍生品等。游客在欣赏邕剧表演时，可以购买以邕剧为主题的文创产品，通过产品的视觉欣赏价值和实用价值，激发游客对邕剧的兴趣，同时提供具有地方特色的纪念品，让游客留下美好的回忆。

2. 非物质文化遗产展示园文创产品

在休闲度假景区内，可以设置非物质文化遗产展示园，根据不同类型的非物质文化遗产设计文创产品，将独具特色的文创产品集中展示出来。游客在了解非物质文化遗产的过程中，可以购买与展示内容相关的文创产品。例如，针对广西的传统手工艺品，可以设计以刺绣、编织、雕刻等手工艺为主题的文创产品，如刺绣饰品、编织工艺品、木雕摆件等，让游客在购买文创产品的同时，深入了解广西的非物质文化遗产。

3. 绣球主题文创产品

广西的绣球艺术是一项独具特色的传统手工艺，设计师可以以绣球为原型，开发一系列具有趣味性和实用性的文创产品。例如，设计绣球造型的钥匙链、手机挂件、饰品盒等产品，以绣球的独特魅力展示广西的民俗文化。这些文创产品不仅可以作为纪念品或礼品赠送，还能成为装饰品和日常生活用品，让游客在日常生活中持续感受广西非物质文化遗产的魅力。

4. 传统民族服饰文创产品

广西有着丰富多样的传统民族服饰，如壮族、瑶族、苗族等少数民族传统服饰。设计师可以以当地少数民族传统服饰为灵感，设计与传统服饰元素相关的文创产品。例如，设计壮族服饰图案的手提包、苗族刺绣饰品等，游客通过这些文创产品，能够感受到广西当地少数民族文化的独特魅力，体验不同民族的风情。

5. 自然元素主题文创产品

广西拥有得天独厚的自然资源，如喀斯特地貌、丹霞地貌等。设计师可以以自然元素为主题，设计与广西自然景观相关的文创产品。例如，以喀斯特地貌为灵感的石材工艺品、以丹霞地貌为灵感的色彩艳丽的文创产品等。这些产品不仅展现了广西独特的自然景观，还带给游客一份自然与艺术的融合体验。

6. 绿色旅游主题文创产品

在休闲度假旅游中，注重环境保护和可持续发展是重要的理念。设计师可以设计与绿色旅游主题相关的文创产品，如环保材质的手提袋、可循环使用的水瓶、环保笔记本等。这些产品传递了对环境的关爱和保护的理念，引导游客在旅行中形成绿色环保的意识。

7. 与当地工艺师合作

设计师可以与当地的工艺师合作，借鉴他们丰富的手工艺技巧和创意，共同开发文创产品。这样不仅能保护和传承广西的非物质文化遗产，还能够促进当地手工艺的发展，增加就业机会。

在设计旅游文创产品时，需要综合考虑产品的创意性、实用性、审美性和文化代表性。通过创造独特的文创产品，将广西非物质文化遗产与休闲度假旅游相结合，为游客带来丰富的文化体验，从而促进广西非物质文化遗产的保护与传承。

（三）生态旅游的文创产品

生态旅游是一种注重环境保护和可持续发展的旅游方式，设计师在开发旅游文创产品时，应关注与广西非物质文化遗产相关的旅游景观和生态环境，设计与生态旅游主题相关的文创产品，以为游客提供独特的生态体验。

1. 白裤瑶特色美食文创产品

在广西南丹县白裤瑶旅游项目的开发中，设计师可以根据当地传统美食研发生态、健康、无公害的食品。游客可以品尝和购买白裤瑶特色美食，通过美食吸引游客进一步了解白裤瑶文化。此外，还可以对食品包装进行设计，将白裤瑶的自然景观加入包装中，以展现其独特的生态环境和文化元素，通过特色美食吸引游客，为游客带来更好的旅游体验。

2. 白裤瑶民族服饰和工艺品文创产品

设计师可以与白裤瑶族人民合作，共同设计白裤瑶民族服饰和工艺品。根据白裤瑶非物质文化遗产的特点和传统手工艺技巧，设计具有民族特色的服装和工艺品。游客可以购买这些产品、穿着民族服饰来感受白裤瑶的文化魅力，使用具有工艺特色的产品了解白裤瑶的手工艺传统。通过这些文创产品的设计和推广，能够保护和传承白裤瑶的非物质文化遗产，同时促进当地经济的发展。

3. 南丹原生态舞蹈和彩虹时光瀑布主题文创产品

以南丹县白裤瑶原生态舞蹈铜鼓舞（勤泽格拉）和当地的自然景观彩虹时光瀑布为主题，设计师可以将其展现在文创产品的包装设计中。这样的设计能够通过舞蹈的形象和瀑布的美景，向游客展示白裤瑶的非物质文化遗产和南丹县丰富的自然景观。文创产品可以包括以舞蹈形象为主题的T恤、手绘明信片、艺术画册等，展现“勤泽格拉”舞蹈的美感和动感。同时，还可以设计以彩虹时光瀑布为灵感的文创产品，如彩虹图案的雨伞、水瓶、抱枕等，让游客在使用这些产品的同时，感受到南丹县的自然生态环境和文化底蕴。

4. 生态保护主题文创产品

为了强调生态保护和环保旅游的重要性，设计人员可以开发一系列生态保护主题的文创产品。例如，设计环保袋、水杯、手册等，以广西的特有植物、动物和景观为图案，提高游客进行环保旅游和保护自然资源的意识。这些文创产品不仅可以给游客提供实用的物品，还可以通过图案和标语传达环境保护的信息，引导游客加强对广西非物质文化遗产的保护和对可持续发展的重视。

5. 生态体验互动文创产品

为增加游客的互动参与感，设计师可以开发生态体验类的互动文创产品。例如，设计可折叠的生态导览地图，指引游客在生态旅游景区中进行探索和观察。此外，可以设计与广西自然景观相关的益智游戏、DIY手工活动等，让游客在娱乐中学习和感受广西的生态文化。

基于广西非物质文化遗产保护的旅游文创产品设计，应注重生态旅游的特点和环保意识。通过设计与当地美食、民族服饰、舞蹈、自然景观等相关的文创产品，结合生态保护主题和互动体验，可以为游客提供丰富的旅游体验，同时促进广西非物质文化遗产的保护与传承。这些旅游文创产品能够引导游客关注环境保护和可持续发展，提升其对广西非物质文化遗产和生态旅游的认可度与体验感。

第八章

非物质文化遗产旅游文创产品的保护与传承

第一节

非物质文化遗产旅游文创产品保护的重要性和必要性

第二节

非物质文化遗产旅游文创产品传承的策略和方法

第三节

非物质文化遗产旅游文创产品保护和传承的案例

第一节 | 非物质文化遗产旅游文创产品保护的重要性和必要性

一、保护文化多样性

保护文化多样性是一项重要使命，旨在维护不同文化的丰富性和独特性，防止文化同化和消失。非物质文化遗产作为人类创造性思维和实践的产物，承载着各个地区和社群等的独特文化表达方式，其在保护文化多样性这一使命中扮演着重要角色。

（一）文化多样性的保护需求

文化多样性反映了人类社会的丰富性，但在全球化和现代化的浪潮下，许多文化正面临着被同化或消失的风险。保护文化多样性成为当今社会的紧迫任务，需要采取措施来保存和传承各种文化的独特价值。

（二）非物质文化遗产的重要角色

非物质文化遗产是各种传统知识、技能、表达方式和价值观等的集合体，代表着多元文化的创造力和多样性。这些遗产蕴含着丰富的历史和传统，是人类文化宝库中不可或缺的组成部分，它们的保护与传承对于保护文化多样性具有至关重要的意义。

（三）旅游文创产品的促进作用

旅游文创产品以创新的方式将非物质文化遗产转化为体验性产品，为保护文化多样性提供了有力支持。通过巧妙的设计和推广，这些产品使非物质文化遗产更具吸引力和可亲近性，让更多人有机会了解和体验不同文化的独特魅力。旅游文创产品的传承与推广，有助于展示和传播各地的非物质文化遗产，为游客提供多元化的文化体验。

（四）文创产品和非物质文化遗产相互促进的关系

保护文化多样性与保护非物质文化遗产相互交织、相辅相成。非物质文化遗产需要创新的方式来传承，旅游文创产品正提供了这一传承和传播的平台。同时，旅游文创产品通过向游客展示文化多样性的魅力，也促进了大众对多元文化的尊重和欣赏。因此，保护非物质文化遗产的旅游文创产品是保护文化多样性的重要策略之一。

二、承载历史记忆

非物质文化遗产承载着丰富的历史记忆和传统知识，是人们与过去联系的桥梁。旅游文创产品的保护可以帮助传承这些历史记忆，让人们了解和感受自己文化的根源和演变过程，增进对历史的认知和理解。

（一）记录历史

非物质文化遗产作为人类创造和传承文化的形式，承载着丰富的历史记忆。这些记忆反映了过去的生活方式、社会制度、价值观念以及人类与环境的互动方式。旅游文创产品的保护可以帮助保留和传承这些历史记忆，让人们能够了解和感受到文化的根源和演变过程。

（二）连接过去与现在

非物质文化遗产作为历史的延续，将过去与现在联系在一起。旅游文创产品通过呈现非物质文化遗产的历史故事、传统技艺和文化表达方式，让人们能够在当下感受并回忆过去。这种连接可以帮助人们提高对自身的文化的认同感，并在当代社会中找到传统文化与现实生活之间的联系。

（三）增进对历史的认知和理解

非物质文化遗产的传承和保护可以为人们提供对历史的深入认知和理解的渠道。通过旅游文创产品的设计和推广，人们可以亲身体验非物质文化遗产所蕴含的历史背景和文化内涵。这有助于培养人们对历史的兴趣，加深对文化演变和传统知识的理解，促进历史文化的传承和保护。

（四）传递价值观和智慧

非物质文化遗产不仅包含了历史记忆，还承载着丰富的传统知识、古人的价值观和智慧。旅游文创产品可以通过讲述非物质文化遗产的故事、展示传统技艺来传递其中蕴含的价值观和智慧。这有助于培养人们对文化传统的尊重和理解，并为当代社会提供有益的参考和借鉴。

三、增加旅游体验

通过与非物质文化遗产的结合，可以为游客提供独特而富有吸引力的旅游体验。例如，游客可以参与传统手工艺品的制作过程，亲身体验传统技艺的魅力；观赏传统表演艺术，感受传统文化的魅力；参与传统庆典活动，感受节日氛围和社区的凝聚力。这些互动和参与的体验，让游客能够更深入地了解当地文化，并与之产生情感共鸣，从而提升旅游地的吸引力。

（一）创造旅游目的地的个性化

非物质文化遗产旅游文创产品的保护和推广可以为旅游目的地塑造独特的个性化形

象。每个地方都有自己独特的非物质文化遗产，通过将其融入旅游文创产品中，可以打造独特的品牌形象和故事，吸引更多游客前来探索和体验。这样的个性化定位使得旅游目的地在激烈的竞争中脱颖而出，并能够吸引更广泛的游客群体。

（二）提升旅游产业的附加值

非物质文化遗产旅游文创产品的保护不仅可以为游客提供丰富的体验，也可以为旅游产业带来可观的经济收益。这些产品的设计、制作和销售涉及当地手工艺人、艺术家、设计师等相关从业者，可以为他们提供就业机会和收入来源。同时，旅游文创产品的推广还可以带动相关产业的发展，如手工艺品制作、文化演艺、旅游交通等，从而提升旅游产业的附加值和经济效益。

因此，通过非物质文化遗产旅游文创产品的保护增加旅游体验价值是至关重要的。这不仅可以为游客提供丰富多样的旅游体验，还能够激发他们对旅游目的地文化的兴趣和热情，促进文化的传承和保护。通过与非物质文化遗产的结合，旅游目的地能够打造独特的品牌形象，吸引更多游客的关注和兴趣。同时，保护非物质文化遗产旅游文创产品也能带动相关产业的发展，提升旅游产业的附加值和经济效益。这种综合效应使非物质文化遗产旅游文创产品的保护成为旅游业发展中不可或缺的一环。通过保护和传承非物质文化遗产，旅游业能够实现可持续发展，让游客在旅行中更好地体验和了解不同文化的独特魅力，同时为文化多样性的保护和传承作出贡献。

四、增强文化自信

文化自信是指对本土文化的自豪感、认同感和自信心，体现了一个社群对自身文化传统的珍视和尊重。通过保护和传承非物质文化遗产旅游文创产品，可以激发人们对本土文化的自信心和自豪感，促进文化的传承与发展。

保护非物质文化遗产旅游文创产品可以加强人们对本土文化的认同感。这些产品通过融入非物质文化遗产的元素和创意表达，展示了独特的特色和风采。通过与这些产品的互动，人们能够深入了解优秀文化传统，感受其深厚的历史渊源和独特之处。这种认同感促使人们对本土文化产生自豪感，增强对自身文化传统的珍视和尊重。

此外，保护非物质文化遗产旅游文创产品也能够激发人们对自身文化传统的珍视和自豪感。这些产品承载着丰富的历史记忆、传统知识和技艺，通过设计和制作产品展示出非物质文化遗产的精髓和独特之处。游客通过参与和体验这些产品，能够深入感受和体会自身文化传统的价值和意义。这种体验能够激发人们对自身文化传统的珍视和自豪，并积极参与到文化传承的行动中。

保护非物质文化遗产旅游文创产品对于提高文化自主性和自主创新能力的发展也具

有重要意义。通过保护和传承旅游文创产品，可以鼓励当地社群和从业者对本土文化进行创新和创造性地发展。这包括在旅游文创产品设计和制作中融入现代元素、采用创新的技术手段，以及通过与其他领域的合作创造新的文化表达方式等。这种自主创新有助于推动本土文化的发展和传承，并为国家在全球文化交流中树立独特的形象。

第二节 | 非物质文化遗产旅游文创产品传承的策略和方法

一、“文化 + 创意 + 产品”开发模式

“文化 + 创意 + 产品”开发模式通过结合文化的独特性和设计师的创造力，以及产品的实际制作和应用，可实现非物质文化遗产的有效传承和创新。

（一）文化理解与研究

深入了解目标文化的特点、历史、价值观和传统技艺。研究非物质文化遗产的背后故事、意义和符号，理解其核心精神和文化价值。

（二）创意发掘与灵感汲取

通过对文化的理解和研究，激发灵感创意。设计师可以从非物质文化遗产中提取元素、图案、形式等，进行创意发掘和设计思考。

（三）创意融合与设计创作

将文化元素与创意相融合，进行设计创作。设计师可以运用创新的设计手法、图形表达和材料选择，将非物质文化遗产的独特魅力体现在文创产品设计中。

（四）原型制作与验证

根据设计创意，制作产品的初步原型或样品。通过原型的实际制作和验证，检验设计的可行性和实用性，然后进行必要的调整和改进。

（五）生产制造与质量控制

根据最终确定的设计方案，进行产品的生产制造。在生产过程中，严格控制文创产品质量，确保产品符合设计要求和标准。

（六）市场推广与宣传

将设计的文创产品推向市场，进行有效的宣传和推广。通过多种渠道和途径，将文

创产品的独特性和文化价值传达给目标受众，吸引消费者的兴趣和购买欲望。

（七）用户体验与反馈收集

关注用户的体验和反馈，了解文创产品在市场中的竞争力和用户的需求量。通过对用户反馈的收集和分析，进行产品的改进和优化，不断提升用户的满意度和产品的竞争力。

“文化 + 创意 + 产品”开发模式能够将非物质文化遗产与创意设计和产品制作相结合，实现文化的传承与创新。这种方法注重对非物质文化的理解和研究，强调创意的发掘和融合，以及产品的实际制作和市场应用。通过对这一模式的应用，设计师可以创造出富有文化内涵的旅游文创产品，提升非物质文化遗产的可持续发展和市场竞争力。同时，该模式还可促进文化创意产业的发展，提升旅游目的地的吸引力和品牌价值。

二、“文化 + 创意 + 业态”开发方向

“文化 + 创意 + 业态”开发方向是一种用于非物质文化遗产旅游文创产品设计的方法，强调通过将文化价值和创意思维与适合旅游市场需求的业态相结合，实现非物质文化遗产的有效传承、创新和商业化发展。

（一）文化价值挖掘与分析

深入了解非物质文化遗产的背后故事、技艺、符号和意义，挖掘其独特的文化价值和吸引力。通过对非物质文化的分析，找出与旅游市场和消费者需求相契合的特色和亮点。

（二）创意创新与概念构思

基于对非物质文化的理解和价值的挖掘，发展创意思维，寻找将非物质文化遗产与旅游市场需求结合的创新点。通过头脑风暴、团队讨论和专业知识的运用，形成具体的产品概念和设计方向。

（三）业态定位与市场需求分析

根据旅游市场的需求和趋势，对非物质文化遗产的商业化潜力进行定位和分析。研究目标市场的人群特征、消费习惯、旅游产品需求等因素，为后续的产品开发和营销提供指导。

（四）产品策划与业态创新

基于文化价值和市场需求，制订具体的产品策划方案，并结合特定的业态进行创新。业态创新可以涵盖线上线下的旅游体验、主题活动、展览展示、文化衍生品等，以满足不同类型和层次的消费者需求。

（五）设计与制作

将产品策划转化为具体的设计和制作方案。设计师根据文化特色和市场需求，进行产品外观、功能、材料、包装等方面的设计，确保文创产品能够传达非物质文化遗产的独特魅力，并符合消费者的品位。

（六）营销与推广

通过合适的营销渠道和推广手段，将设计的文创产品推向市场。利用线上、线下的渠道和平台，进行品牌宣传、产品展示、销售推广等，吸引目标消费者的注意和购买意愿。

（七）建立合作

积极与相关产业链上的合作伙伴建立合作，共同推动非物质文化遗产旅游文创产品的发展。与当地文化机构、手工艺人、设计师、生产商、旅行社等建立合作关系，充分发挥各方的专业和资源优势，共同打造兼具创新性和高质量的产品。

（八）用户体验与反馈

关注用户的体验和反馈，以不断改进和优化产品的设计和功能。通过用户调研、问卷调查、用户反馈等方式，了解用户对产品的满意度、需求和改进建议，及时对产品进行调整和改进，提升用户体验。

（九）持续创新与更新

非物质文化遗产丰富多样，对其不断进行创新和更新非常重要。持续进行文化研究和创意探索，可以发现新的元素和故事，运用新的材料和技术，从而推出新的产品和业态。通过持续创新和更新，保持产品的新鲜感和吸引力，以满足不断变化的市场需求。

（十）文化教育与传播

除了非遗文创产品本身，文化教育和传播也非常重要。通过举办文化讲座、工作坊、培训课程等活动，增加公众对非物质文化遗产的了解和认知。通过线上线下的媒体渠道和社交平台，积极传播产品的文化价值和独特魅力，提升品牌影响力和知名度。

（十一）监测与评估

建立监测和评估机制，定期对产品的市场表现和用户反馈进行评估。通过分析市场数据、跟踪销售情况、收集用户评价等方式，了解产品的销售情况、市场占有率和用户满意度，为后续的产品改进和发展提供参考和依据。

通过“文化 + 创意 + 业态”的方法，非物质文化遗产旅游文创产品的开发能够更有针对性、创新性和市场导向性。在保持文化传统和价值的基础上，注入创意思维和商业化的业态，实现非物质文化遗产的传承、创新和可持续发展。

三、“生活产品 + 特色文化”发展的预测和分析

“生活产品 + 特色文化”是非物质文化遗产旅游文创产品设计的一种发展趋势，通过将特色文化融入日常生活产品的设计中，可以创造出具有文化内涵和实用功能的产品，使非物质文化遗产与人们的日常生活相结合。

（一）文化元素的融入

将特色文化元素如图案、符号、色彩等，巧妙地融入日常生活产品的设计中，使产品呈现出独特的文化特色和风格。

（二）功能与美学的结合

注重日常生活产品的实用功能和设计美学，同时通过加入特色文化元素，使产品不仅具有实用性，还具备艺术性和文化内涵。

（三）创意与创新的运用

在日常生活产品的设计过程中，鼓励创意和创新的运用，通过新颖的设计理念和独特的文化元素，打造出与众不同的产品。

（四）对用户体验的重视

注重用户的体验和需求，将特色文化与用户的情感和体验相结合，使产品能够引起用户的情感共鸣。

（五）多样性与个性化

充分考虑不同用户群体的需求和喜好，设计出多样性、个性化的生活产品，从而满足不同人群对文化的不同追求和个性化的表达。

（六）考虑可持续发展

在日常生活产品的设计和制造过程中，注重环境保护和可持续发展，选择环保材料和工艺，以减少对环境的负面影响。

通过“生活产品 + 特色文化”的发展预测和分析，可以使非物质文化遗产融入人们的日常生活中，提升人们对文化的认知度和体验感，推动非物质文化遗产的传承和发展，同时促进文化旅游产业的繁荣。

四、“分类 + 定位 + 设计 + 运营”开发途径

“分类 + 定位 + 设计 + 运营”是非物质文化遗产旅游文创产品设计的一种开发途径，通过系统性的方法和步骤，将非物质文化遗产转化为具体的旅游文创产品，并进行有效的运营和推广。

分类（Classification）：首先对非物质文化遗产进行分类和归纳，了解不同类型的非物质文化遗产及特点。通过对非物质文化遗产的分类，可以更好地理解其内涵和特色，为后续的产品设计和定位提供依据。

定位（Positioning）：根据不同非物质文化遗产的特点和市场需求，确定产品的定位和目标受众群体。定位是为了明确产品的目标市场和受众，了解他们的需求和偏好，以便进行有针对性的设计和营销。

设计（Design）：基于非物质文化遗产的分类和定位，进行创意和设计的过程。设计师需要将文化元素融入产品的形式、功能、材料、图案等方面，以呈现出具有文化内涵和独特魅力的非物质文化遗产旅游文创产品。

运营（Operation）：产品的运营涉及销售、推广、品牌建设等方面的活动。通过有效的运营策略和渠道，将非物质文化遗产旅游文创产品引入市场，吸引目标受众，提高产品的知名度和市场竞争力。

这种开发途径强调系统性和有序性，将非物质文化遗产转化为具体的旅游文创产品，并将其成功推向市场。通过分类和定位的分析，设计出符合目标市场需求的产品，并通过精心的设计和运营，使产品获得更广泛的认可和推广。这种方法有助于保护和传承非物质文化遗产，促进旅游业的发展并推动文化产业的繁荣。

第三节 | 非物质文化遗产旅游文创产品保护和传承的案例

本案例阐述生产性保护的概念以及夏布绣技艺和文化元素等生产性保护的关键要素。同时，从夏布绣生产性保护的角度出发，分析了服饰品、工艺品和生活用品三个类别的旅游文创产品的开发现状。最后，提出基于夏布绣生产性保护的旅游文创产品开发策略，包括基于游客需求的多元化策略、提升品牌形象的文化创意策略和延续非物质文化遗产传承的关键要素运用策略。

生产性保护是非物质文化遗产传承的重要方面，需要采取一系列策略来确保相关技艺和工艺的传承和发展。以下是关键要素运用的四种策略。

①技艺大师传承计划：通过确定并培养技艺大师，将他们的知识和技能传授给年轻一代，实现传统技艺的代际传承。

②工作坊和学徒制度：建立工作坊，让有兴趣的年轻人成为学徒，跟随老师学习技

艺，逐步掌握传统工艺。

③记录和整理：对传统工艺进行系统记录和整理，包括制作步骤、工具材料、设计要点等，确保技艺传承有详尽的资料支持。

④创新与现代应用：在传承的基础上，鼓励技艺创新和现代应用，将传统工艺与现代设计相结合，使之更适应当代市场需求。

生产性保护主要应用于传统技艺、传统美术和传统医药药物炮制等非物质文化遗产领域。夏布绣作为一种以刺绣技艺为核心的传统美术类非物质文化遗产，具有显著的物质和精神双重价值。

一、夏布绣生产性保护的关键要素运用策略

（一）夏布绣技艺

与传统满绣相比，夏布绣虚虚实实的通透绣法能更好地展现夏布的质感和肌理效果，使绣品具有更加清爽、自然的视觉效果。夏布绣技艺在细节上进行改进和发展，采用层叠针法和“一绒多色针法”，赋予作品立体感和丰富的色彩层次，使绣品更具有表现力和艺术感。

夏布绣技艺的传承和创新离不开对不同针法的融合和运用。通过结合层叠针法、芝麻针法、通透乱针法和套针法等多种针法，夏布绣能够创造出精细而细腻的绣品，使绣线与夏布的肌理相得益彰，呈现出更加逼真和具有触感的视觉效果。此外，夏布绣技艺还通过技术手法的创新，使绣品能够更好地表现人物形态的立体效果和皮肤的质感，展现出更加逼真和生动的人物形象。

夏布绣技艺的创新和发展不仅注重绣品的技术层面，还将绣品与艺术表现相结合。借鉴中国画的艺术技巧，夏布绣运用夏布的自然色泽和丝线的粗细变化来表现山水画中的水墨效果，营造出中国画中“墨分五色”的意境。同时，夏布绣还通过“一绒多色针法”展现花鸟、植物等题材，使每一针都能呈现出丰富的色彩层次和空间感，使绣品更富有视觉冲击力和艺术表现力。

通过对夏布绣技艺的传承和创新，不仅能够保留该绣法传统的绣艺特点，还能适应现代审美和市场需求，为夏布绣的生产性保护提供了坚实的基础。通过将夏布绣技艺与旅游文创产品的开发相结合，能够将夏布绣的独特魅力和文化价值展示给更多的人，促进夏布绣的传承和发展。

（二）夏布绣文化元素

夏布绣艺术的文化元素主要包括材质、题材和色彩等元素以及文化内涵。

1. 材质

夏布是一种由天然苎麻纤维经过多道工序纺织加工而成的布料。它的布面平整、质地粗犷、纹理清晰，经纬线交织分明，微微散发着光泽，整体呈现出柔和而清丽的特点。夏布的材质赋予了绣品厚重的历史感和质朴的岁月沧桑感。

夏布绣选用纹理疏密有致、更具挑战性的夏布作为面料。夏布的粗犷和古朴与绣工的精巧和细腻相结合，使绣品呈现出原始自然的纤维本色。夏布绣的画面质感强烈，既古朴又不失高雅，粗犷的面料与细腻的绣线相互映衬，形成独特的视觉艺术效果。

夏布绣所使用的夏布材质与传统绣品的丝绸面料相比，更加质朴。夏布绣通过对夏布材质的运用，打破了传统绣品细腻光滑的质感，呈现出自然纤维的粗犷之美。夏布的纹理和肌理给绣品带来了独特的触感和质感，使绣品更加富有层次感和立体感。夏布绣以其独特的材质表达了对大自然的敬畏和对传统工艺的传承。

夏布绣通过将夏布的粗犷纹理和绣线的细腻融为一体，形成了一种独特的艺术风格。它以原始而纯粹的美感，向人们展现了一幅幅质朴而富有诗意的画面。夏布绣的材质特点不仅体现了非物质文化遗产的历史与传统，还将自然与艺术相结合，为观赏者带来一种独特的视觉和触觉体验。通过夏布绣的文化元素，人们可以感受传统工艺与自然的和谐与美好。

2. 题材

从题材内容来看，夏布绣可以分为图案绣题材和绣画题材两大类。图案绣题材主要来源于当地的日常生活场景、飞禽走兽、花鸟鱼虫、山水风景、神话人物、传奇故事等各个方面。这些题材反映了夏布绣所处地区的自然风光和人文历史，展现了丰富多彩的文化内涵。另外，绣画题材多取材于古代名画和近现代国画大师的作品，以传统绘画中的人物、山水、花鸟等元素为主题进行刺绣。

夏布绣的题材演变受到内部环境和外部环境的影响。在初始阶段，夏布绣的题材以造型简单、质朴的山水风景和花草鸟虫为主。这些题材更贴近生活，展示了当地人们与大自然和谐共处的情景。随着夏布绣技艺的逐渐成熟，艺术家开始借鉴著名画家的作品，对其绘画作品进行还原和创作。夏布绣中出现了傅抱石、八大山人等名家的绘画作品，这些作品充分展示了夏布绣的艺术魅力和人们的创作能力。此外，江西特色文化也成为夏布绣题材的重要来源，例如，采用江西特色地域元素进行创作，以突出夏布绣与当地文化的联系。

夏布绣的题材丰富多样，不仅展现了自然景观和人物形象，还体现了艺术家的创作理念和审美追求。通过夏布绣的题材，人们可以感受到地域文化的独特魅力和艺术表达的丰富性。夏布绣题材的多样化不仅丰富了艺术品的内容，而且为观赏者提供了更广阔的选择空间，让人们在欣赏夏布绣作品的同时，深入了解当地的历史文化和艺术传统。

3. 色彩

绣地是指夏布绣作品所采用的背景布料，通常由天然苎麻制成，呈现出土黄色和浅褐色的自然植物色彩。这种自然的绣地色彩在夏布绣艺术中起到重要的作用，它不仅构成了绣品的背景，还能营造出特有的艺术意境。绣地色彩的自然质朴与纹理清晰相结合，为绣品注入了浓厚的历史感和质朴的岁月沧桑感。

图案色彩是由绣线决定的。夏布绣常用的绣线颜色达到百余种，丰富多彩。这些绣线色彩的选择对于表现各种图案起到重要的作用。现代夏布绣的绣稿多以水墨画风格为主，色彩搭配也随类赋彩。在图案的表现中，主要运用水墨色彩的焦墨、干墨、湿墨、浓墨、淡墨五种墨色，配以土黄、赤、青、靛、绿等辅助色彩，以衬托主色调。这种色彩搭配的方式使夏布绣作品具有独特的视觉效果和艺术魅力。

夏布绣的色彩运用既注重整体的和谐统一，又追求细节的精致表现。通过巧妙地运用色彩的明暗、对比，夏布绣能够表现出丰富的色彩层次和纹理效果，使图案更加生动立体。色彩的运用也使夏布绣作品更具观赏性和艺术性，为观赏者带来视觉上的愉悦和美感体验。

夏布绣在色彩的运用上充分体现了水墨画的特点，通过独特的色彩搭配和运用技巧，展现出浓郁的艺术氛围和独特的文化内涵。色彩成为夏布绣的重要表现元素之一，为作品注入了生机和活力，赋予了作品独特的个性和魅力。

4. 文化内涵

夏布绣艺术承载着丰富的文化内涵，成为地方民俗文化的重要组成部分。它与人们的生活息息相关，涉及人们的生老病死、婚庆寿宴、风俗习惯等方面。夏布绣的材质古色古香，图案寓意丰富，色彩柔和典雅，造型自然质朴，这些特点共同展示了人们朴实的文化观念和生活理想，体现了地方特色鲜明的审美情趣。

夏布绣的题材广泛，涵盖了动植物、传奇人物、生活场景以及名人画作等。人们通过夏布绣的图案寓意，寄托了吉祥如意、幸福安康、长命百岁、百年好合、升官发财等美好愿望。夏布绣作为一种富有象征意义的艺术表达方式，承载着人们对美好生活的追求。每一个夏布绣作品都代表着一种文化符号，反映着人们对生活意义和价值的思考。

夏布绣在色彩运用上追求自然、真实、典雅的意境，以及色彩效果与象征寓意的统一。通过细腻的线条与和谐的色彩搭配，夏布绣呈现出独特的视觉效果和艺术魅力。夏布绣所展现的色彩不仅是视觉的享受，更是一种情感和文化的传递。它通过色彩的渲染和表达，营造出充满诗意和情感的艺术氛围，引发观赏者内心深处的共鸣。

夏布绣艺术融入了地方民俗文化的精髓，既是一种民间艺术形式，也是一种文化传承的媒介。它传递着人们对传统价值观的理解，同时也承载着人们对美好生活的期待和向往。夏布绣文化元素的丰富与多样性，使其成为一种独特而珍贵的文化遗产，为人们提供了品味传统文化、感知地域文化的重要窗口。

二、夏布绣旅游文创产品开发的案例分析

（一）服饰品

夏布绣旅游文创产品中的服饰品是一类重要的开发方向。这些服饰品包括服装、围巾、手帕、发箍、硬币包、手提包、鞋子等，都采用了夏布绣的特殊技法，如通透绣法、层叠针法、通透乱针法和套针法等。然而，在服饰品的品类上，夏布绣旅游文创产品的种类相对较少。其中，一些优秀的服饰品展现了夏布绣的独特魅力。例如，夏布绣包采用了刺绣、拼贴、手绘等多种技艺，巧妙地运用了土家族图案、动植物等元素作为题材，在夏布材质上展现出古朴自然且不失现代时尚的感觉，具有独特的魅力。一些夏布绣服装将夏布绣应用在服饰的边襟等部分，一方面提高了产品的耐摩擦性能，另一方面通过图案的美化增加了产品的吸引力。

然而，也存在一些不足之处。例如，一些夏布绣硬币包仅将夏布绣作为形式上的装饰，未能充分结合功能进行设计，实用性不足，缺乏创意性的设计手法。这些服饰品的色彩以素雅为主，部分服饰色彩鲜艳，但价格昂贵，与游客的消费心理不符。大部分服饰品在设计上缺乏审美感或时尚感，品牌徽标仅作为吊牌来传达企业品牌形象，无法给人留下深刻印象。

因此，在夏布绣旅游文创产品的服饰品开发中，需要更加注重创意和时尚感。可以尝试融入新颖的设计元素，如现代艺术、流行文化等，将夏布绣与当代时尚巧妙融合，打造与时代潮流相符合的服饰品。同时，在产品的功能设计上也要兼顾实用性和美观性，通过创新的设计手法和合理的结构布局，提升产品的实用性和舒适度。此外，还应注重对品牌形象的塑造，通过独特的品牌标识、包装和陈列方式等手段，凸显夏布绣的独特性和品牌个性，以吸引消费者的注意力。

总之，夏布绣旅游文创产品的服饰品开发需要注重创意、时尚感和品牌形象的塑造。通过引入新颖的设计元素，结合实用性和美观性，巧妙融合传统与现代，采用有效的市场推广策略，才能使夏布绣服饰品吸引更多消费者，为其提供独特的旅游体验。

（二）工艺品

夏布绣旅游文创产品开发的工艺品包括单面绣立屏、双面绣立屏、折叠屏、摆件、夏布绣画等。这些工艺品以虚实针法为主要技法，通过虚虚实实的画面表现，将夏布绣

的质地与图案完美融合，展现出通透清爽的效果。在题材选择上，夏布绣工艺品呈现出多样性，包括传统花鸟、吉祥图案、神仙人物、山水风景等题材。这些题材往往蕴含吉祥如意、长命富贵或多子多福等美好的愿景。

夏布绣工艺品以中间色调为主，如焦墨、干墨、湿墨、浓墨、淡墨、灰蓝、浅黄白、石褐色等。同时，也会适度运用少量鲜艳色彩进行点缀，增加作品的亮点和吸引力。夏布绣工艺品的特点之一是采用夏布面料，这种面料质地较硬，因此在绣法上有所创新。常见的绣法包括虚实针法、套针法、层叠针法等，体现出绣品的通透感和立体感。通过这种独特的绣法和面料质地的结合，夏布绣工艺品展现出清新自然、意境悠远的艺术效果。

夏布绣旅游文创工艺品在制作上相对简化了绣满绣地的烦琐工序，更加注重画面的清新与意境的传达。通过凸显夏布绣特有的质感和色彩搭配，夏布绣工艺品呈现出独特的审美风格，具有一种独特的精致美感。这些工艺品不仅具有观赏价值，还可以作为装饰品、礼品和纪念品，具有一定的实用性。

在夏布绣旅游文创工艺品开发中，可以进一步挖掘当地特色的题材和文化元素，通过创新的设计理念和技法，打造出更具个性的作品。同时，也要注重市场调研和对消费者需求的把握，结合当代的审美趋势和市场需求，进行产品定位和设计。可以尝试与当地文化、历史、传统手工艺等紧密结合，突出夏布绣作为地方特色产品的独特价值，打造具有地域特色和文化内涵的工艺品。同时，注重工艺品的实用性和功能性，通过合理的结构设计和选用高质量的材料，提升产品的品质和耐久性，使工艺品既是艺术品，又具实用价值。

在市场推广方面，可以通过线上线下相结合的方式进行销售和推广。建立电商平台和线下实体店，通过网络营销、展览展销、举办文化活动促销等方式宣传推广夏布绣工艺品。同时，注重品牌建设，打造独特的品牌形象，使消费者能够对工艺品产生认同感和情感共鸣。与旅游景区、文化机构、礼品店等建立合作关系，将夏布绣工艺品纳入旅游纪念品和文化衍生品的范畴，增加产品的曝光度和销售渠道。

总之，夏布绣旅游文创产品的工艺品开发具有广阔的发展前景。通过创新设计、注重品质、关注市场需求和品牌建设，可以打造出更具市场竞争力和文化内涵的夏布绣工艺品，为游客带来独特的文化体验，同时也促进了夏布绣传统工艺的传承和发展。

（三）生活用品

夏布绣旅游文创产品开发的生活用品丰富多样，包括笔记本、折扇、团扇、手机袋、杯垫、茶盖、茶桌垫、汽车靠枕等，这些产品都具有实用性。在制作工艺上，大部分生活用品采用机绣技术以降低成本，题材多为几何纹样，虽然简洁但缺乏独特性。少数生活用品采用人工刺绣，常见的绣法包括平针、层叠针法、通透乱针法和套针法等，题材则以花鸟鱼虫、山水风景等自然元素为主。

一方面，对于夏布绣旅游文创产品的生活用品开发，存在一些不足之处。一是，部分产品仅通过简单的夏布绣拼贴来装饰，缺乏与实际功能属性的创意结合。例如，夏布绣笔记本仅在表面简单地拼贴了夏布绣，未能发挥夏布绣在功能和设计上的潜力。二是，许多生活用品的开发仍停留在简单地对符号元素的嫁接和拼凑，缺乏对夏布绣功能属性和文化内涵的深入理解，导致产品形式单一、同质化问题较为严重。许多景点的纸胶带、布包、笔记本、马克杯、文化衫等产品相似度较高，缺乏差异化和独特性。

另一方面，许多旅游文创生活用品缺乏适用性和便携性，价格较高，与游客消费趋势不符。在设计上，缺乏对情感共鸣的考虑，难以唤起游客的美好回忆。这些问题限制了夏布绣旅游文创产品的市场竞争力和吸引力。

因此，在开发夏布绣旅游文创产品的生活用品时，需要更加注重对创意设计和功能性的考虑。可以结合夏布绣的特点和功能属性，将其与实际生活场景和使用需求相结合，创造出具有独特性、实用性和美观性的产品。同时，要注重对产品的差异化和个性化设计，通过创新的形式和元素，打造与众不同的夏布绣生活用品。例如，在夏布绣笔记本的设计上，可以将夏布绣应用于封面和页面之间的装饰，并结合功能性的设计如内置卡槽、书签等，增加使用的便利性和实用性。此外，可以通过引入当代艺术、流行文化等元素，赋予夏布绣生活用品更多的个性化和时尚感，吸引更多年轻消费者的关注。

夏布绣旅游文创产品的生活用品开发需要注重创意设计、功能性考虑、差异化设计和情感共鸣等。通过充分发挥夏布绣的特点和潜力，结合现代消费者的需求和时尚趋势，打造出实用、独特且具有文化内涵的产品，为游客带来更加丰富和有意义的旅游体验。

三、基于夏布绣生产性保护的旅游文创产品开发策略

（一）基于游客需求的多元化策略

目前，夏布绣旅游文创产品开发存在着品种单一、功能简单和形象粗糙等问题，而游客因年龄、职业、兴趣、喜好和收入水平等方面存在差异，对夏布绣旅游文创产品的需求也呈现出多元化的特点。因此，为了满足不同游客的需求，需要采取多元化的策略。

第一，在开发夏布绣旅游文创产品时，可以根据游客的年龄段来设计不同系列的产品。例如，为儿童游客开发可爱、有趣味的夏布绣玩具或图书，为青年游客设计时尚、个性化的夏布绣手机壳或T恤，为中年和老年游客推出具有传统文化内涵的夏布绣团扇

或茶盖等。针对不同年龄段游客的需求，开发特定系列的产品，可以更好地满足其个性化的喜好和需求。

第二，除了年龄因素，还可以根据游客的兴趣爱好来进行多元化的产品开发。考虑游客可能对不同风格和主题感兴趣，可以设计具有多样化风格的夏布绣旅游文创产品，如传统风格、现代艺术风格、民族风格等，以满足不同游客对文化、艺术和审美的追求。同时，可以结合当地的历史文化、自然风光等特色，将其融入夏布绣产品设计中，增加产品的独特性和地域特色。

第三，根据游客的经济状况和消费能力，可以推出不同价位的夏布绣旅游文创产品，以满足不同消费层次游客的需求。例如，设计中低价位的夏布绣小饰品或纪念品，为预算有限的游客提供实惠的选择；同时也可以推出高档次的夏布绣艺术品或定制产品，以满足对品质和独特性有更高要求的游客。

在实施多元化策略的过程中，还需要进行市场调研和消费者需求分析，了解目标游客群体的偏好和购买习惯。通过与游客进行互动，收集游客反馈，不断改进和创新产品，提高产品的质量和用户体验。此外，与当地旅游景点、旅行社等合作，通过专属产品和定制化服务，满足游客对于个性化和定制化的需求。同时，利用互联网和社交媒体等渠道，加强品牌宣传和推广，提高产品的知名度和曝光度，吸引更多游客关注和购买。

（二）提升品牌形象的文化创意策略

首先，对夏布绣旅游文创产品进行统一性设计，以提升品牌的认知度和辨识度。通过解构与转译、编码与重组、跨界与融合等文化创意手法，将夏布绣的传统元素与现代设计理念相融合，创造出与时代潮流相符合的产品形式和风格。同时，注重产品的品质和工艺，确保夏布绣旅游文创产品在外观、质感和实用性方面都能够与竞争对手相区别。

其次，对当代夏布绣在服饰品、工艺品和日常用品等领域中的应用现状、特征及设计元素进行归纳和总结，改善夏布绣旅游文创产品的情感设计元素。通过对夏布绣图案、色彩、纹理等设计元素进行创新和提升，使产品更具有艺术性和观赏性。同时，注重与当地的历史文化、自然风光等特色相结合，将当地的文化元素融入产品设计中，增加产品的独特性和地域特色。

最后，营造夏布绣旅游文创产品的文化意境，强化品牌联想。通过品牌故事、宣传活动、展览和体验等方式，将夏布绣旅游文创产品与夏布绣的文化背景、工艺技艺和历史传承相联系，强调产品的文化内涵和艺术性。同时，充分利用互联网技术，通过社交媒体、电子商务平台等渠道，让夏布绣旅游文创产品与用户进行互动和交流，提高产品的知名度和曝光度，加强品牌的影响力和认知度。

通过以上文化创意策略的实施，可以提升夏布绣旅游文创产品的品牌形象和市场竞争力。同时，注重保护夏布绣的生产性和传统工艺，加强与当地夏布绣工艺大师的交流合作，推动夏布绣旅游文创产品的创新发展。最终使夏布绣旅游文创产品可以更好地满足游客的需求，增强其对产品的兴趣和消费欲望。

（三）延续非遗传承的关键要素运用策略

基于对夏布绣的生产性保护，旅游文创产品的开发可以采取延续非遗传承的关键要素运用策略，以保护和传承夏布绣这一独特文化遗产，并在旅游文创产品中体现其独特价值和魅力。

首先，对夏布绣技艺的体验是重要的策略之一。通过开设夏布绣工作坊、举办技艺展示和互动体验活动等方式，让游客亲身参与夏布绣的制作过程，感受夏布绣的独特魅力和传统工艺的精髓。这种体验可以增强游客对夏布绣的认知和兴趣，激发他们对夏布绣旅游文创产品的购买欲望。

其次，对夏布绣形态元素的运用是另一个重要的策略。夏布绣具有丰富多样的形态元素，包括图案、色彩和材质等，可以成为旅游文创产品设计中的重要元素。在开发过程中，可以运用夏布绣的形态元素进行创意设计，打造独特的产品形象和品牌特色，提高产品的辨识度和吸引力。

最后，夏布绣的文化内涵也是一个重要的挖掘方向。夏布绣蕴含着丰富的文化内涵，如寓意吉祥、精神信仰等，这些特征可以赋予旅游文创产品更深层次的意义和情感价值。通过深入挖掘夏布绣的文化内涵，将其融入旅游文创产品设计中，可以营造出独特的文化意境，让游客在使用产品的同时感受夏布绣的文化底蕴并产生情感共鸣。

通过对夏布绣技艺的体验、夏布绣形态元素的运用和夏布绣文化内涵的挖掘，非物质文化遗产旅游文创产品可以展现出夏布绣的独特魅力和价值，满足游客对文化体验和个性化产品的需求，同时提升夏布绣旅游文创产品的品牌形象和市场竞争力。在实施这些策略的过程中，需要密切与夏布绣传承人和相关专业机构合作，倾听他们的意见和建议，确保非物质文化遗产旅游文创产品的开发与夏布绣的传统工艺和文化价值一致。同时，还应加强对夏布绣的宣传和推广，通过举办展览、开展文化活动和建立线上平台等渠道，向更多的游客传播夏布绣的独特魅力和非物质文化遗产的价值，提高夏布绣旅游文创产品的知名度和影响力。

参考文献

[1] 黄捷 . 非物质文化遗产传承人保护法律制度研究 [D]. 南宁：广西民族大学，2020.
[2] 李江敏，李薇 . 非物质文化遗产的旅游活化之道 [J]. 旅游学刊，2018，33(9)：11，12.
[3] 李西建 . 以文化创意激活非物质文化遗产资源的旅游美学效用 [J]. 旅游学刊，2019，34(5)：9-11.
[4] 李娴，高院 . 民族非物质文化遗产旅游开发价值评价与实证 [J]. 贵州民族研究，2019，40(6)：158-165.
[5] 厉建梅 . 文旅融合下文化遗产与旅游品牌建设研究 [D]. 济南：山东大学，2016.
[6] 刘鹄 . 做好非物质文化遗产保护传承的思考 [N]. 新余日报，2019-12-06.
[7] 廖江波 . 夏布源流及其工艺与布艺研究 [D]. 上海：东华大学，2018.
[8] 王颢霖 . 中国传统营造技艺保护体系研究 [D]. 北京：中国艺术研究院，2021.
[9] 王萍，刘敏，刘慧娣 . 山西省非物质文化遗产资源旅游利用潜力评价 [J]. 地域研究与开发，2017，36(3)：92-98.
[10] 王文文 . 体验视角下山东非物质文化遗产旅游开发研究 [D]. 济南：山东师范大学，2016.
[11] 于沐仔 . 基于游客和居民感知的地方性文化遗产可持续发展研究 [D]. 天津：天津商业大学，2018.
[12] 苑利，顾军 . 非物质文化遗产进景区的“功”与“过”[J]. 旅游学刊，2021，36(5)：5-8.
[13] 张朝枝，林诗婷 . 遗产内涵的政府话语分析 [J]. 旅游论坛，2017，10(1)：1-9.
[14] 张广瑞 . 文旅融合，不止文化和旅游 [N]. 中国文化报，2019-05-25.
[15] 郑海博 . 基于游客视角的饮食类非物质文化遗产旅游品牌价值研究 [D]. 西安：陕西师范大学，2020.
[16] 李盈盈 .《日本能面具》科普插画的制作与探索 [D]. 北京：北京印刷学院，2019.
[17] 张敏 . 艺术社会学视角下德江傩面具的审美研究 [D]. 恩施：湖北民族大学，2021.
[18] 何晓菁，林军 . 浅析视觉符号视域下泸溪傩面具的造型及特点 [J]. 中国民族博览，2017(12)：20，21.
[19] 魏磊 . 南丰傩文化在文化创意产品中的应用研究 [J]. 美术文献，2021(3)：124，125.
[20] 江山 . 浅谈南丰傩面具艺术 [J]. 艺术品鉴，2016(4)：93.

[21] 沈定求 . 南丰傩面具图式研究 [J]. 大众文艺，2021(18)：77-79.
[22] 邓思曾 . 江西南丰傩面具艺术符号在现代旅游纪念品中的开发与应用 [D]. 昆明：昆明理工大学，2015.
[23] 施琴，董苗苗 . 赣黔主要地域傩文化比较——以江西南丰和贵州德江为例 [J]. 宜春学院学报，2020，42(1)：64-67，78.
[24] 巩莹 . 南丰非遗傩面具雕刻技艺及其形意艺术 [J]. 收藏与投资，2022，13(3)：173-176.
[25] 周紫蓉，宋冬慧 . 基于非遗傩文化推广下的文创产品开发与应用 [J]. 传媒论坛，2020，3(19)：116，118.
[26] 方松华，兰宇新 . 核心价值观：中外城市文创产业发展的灵魂 [J]. 晨刊，2022(2)：8-13.
[27] 张志宇 . 江西傩文化旅游文创设计应用 [D]. 天津：天津工业大学，2020.
[28] 刘萱萱，夏晨霞 . 南丰傩面具与旅游工艺品创新设计研究 [J]. 牡丹，2019(23)：38，39.
[29] 高鲲，何天琪 . 非遗文创产品的开发策略思考 [J]. 艺术品鉴，2022(3)：1-3.
[30] 郭畅，张继晓，丁凡倬 . 湘西傩面具装饰元素在文创产品设计研究 [J]. 设计，2021，34(13)：123-125.
[31] 舒斯强 . 非物质文化遗产视角下南丰傩舞的传承与保护研究 [D]. 兰州：西北民族大学，2017.
[32] 李红超，王昕宇，李维钰 . 基于文化元素的故宫博物院文创产品设计研究 [J]. 包装工程，2022，43(2)：325-332.
[33] 高雅琳，屈江涛 . 新媒体语境下恩施傩面具文化再生产探析 [J]. 大众文艺，2021(16)：31，32.
[34] 王廷信 . 文化变迁与傩文化的当代传承 [J]. 民俗研究，2022(2)：103-108.
[35] 炎可欣，林滢滢，陈美瑞，等 . 文旅融合视域下茶文化创意产品创新设计 [J]. 湖南包装，2021，36(2)：100-103.
[36] 李步容 . 非物质文化遗产旅游产业开发模式研究 [J]. 合作经济与科技，2021(15)：26，27.
[37] 李颖 . 基于地域文化的特色旅游文创产品设计研究 [J]. 艺术品鉴，2018(11)：171，172.
[38] 雍文昴 . 文旅融合与文化产业新动向 [J]. 艺术评论，2018(12)：6.

[39] 戴俊骋，李露 . 非物质文化遗产旅游和地方建构 [J]. 旅游学刊，2019，34(5)：3-5.

[40] 黄慧，史诗琪，郑佳琦 . 以艺术符号视角探析吉祥纹样在文创中的应用 [J]. 家具与室内装饰，2020(8)：83-85.

[41] 魏娜 . 产业融合背景下文化旅游品牌建设策略探究 [J] . 现代商业，2021（22）：24-26.

[42] 刘春雷，程麟婷 . 基于沈阳旅游文化的文创产品与 IP 形象设计研究 [J]. 艺术品鉴，2020（35）：101，102.

[43] 彭一清，邹瑾琳 . 旅游文创产品创新设计 [J]. 科技风，2021（17）：3-5，16.

[44] 余立国 . 黄石矿冶文化的精神内涵及其现实启迪 [J]. 黄石理工学院学报（人文社会科学版），2010，27（5）：1-4.

[45] 易熙琼，李鸿明 . 地域性文化的特色旅游文创产品设计探讨 [J]. 旅游与摄影，2020（20）：48，49.

[46] 萧放 . 开启非遗保护传承的新时代 [N]. 光明日报，2021-08-17.

[47] 杨慧子 . 非物质文化遗产与文化创意产品设计 [D]. 北京：中国艺术研究院，2017.

[48] 刘煜馨 . 海上丝绸之路背景下的泉州文创产品设计研究 [D]. 沈阳：沈阳航空航天大学，2019.

[49] 梁茹砚 . 故宫淘宝：传统美学与新文创景观的互文共生 [J]. 新闻爱好者，2019(1)：89-91.